U0941530

中小学心理健康教育教师培训丛书

丛书主编　常若松
副 主 编　胡金生　孙远刚

中小学心理情景剧创设技术

董成文 主编

中国出版集团　研究出版社

总序
推广心理技术，助力健康中国

心理学的含义非常丰富，既有关于心理现象的描述和心理规律的揭示，也有对于人的心理活动的培养和干预。我们通常将前者称为心理科学，将后者称为心理技术。心理科学是知识体系，探索心理世界的真；而心理技术是实现目的的操作程序，强调的是对心理活动干预的有效性。心理科学以知识形态存在于心理技术实施者的经验系统中，是心理技术实施的关键。心理技术直接作用于现实生活。党的十七大报告就提出，要“注重人文关怀和心理疏导，用正确方式处理人际关系”。十八大报告再次强调：“加强和改进思想政治工作，注重人文关怀和心理疏导，培育自尊自信、理性平和、积极向上的社会心态。”应该指出的是，将“心理疏导”多次写进党的重大文献，足见心理疏导对于实现党的新时期总目标、总任务具有重要意义。所谓心理疏导，就是指运用心理技术的手段和方法，矫正人们的认知偏差，调节不良情绪，塑造健康行为方式，和谐人际关系，在面对突发危机事件中，干预人们的应激心理。随着人类文明的进步，物质生活水平得以大幅提升，人们转而关注心理生活的品质。通过实施心理技术疏导各种现实心理问题，已为现代发达国家所重视。自20世纪中期起，美国国家心理卫生署着手制订灾难受害者服务方案，1978年发表了由政府颁布的《灾难援助心理辅导手册》。1963年，美国国会通过《社区精神健康法案》，强调心理健康服务应面向全体公民，并建立由政府提供经费的社区精神服务中心。英国在1987年翻船事件发生后成立了社会支援组织，对灾难经历者进行演讲、家访、长期心理辅导或电话商谈等援助活动。心理技术已然成为满足人们心理需求、保障高品质生活不可或缺的现实手段。今天，在中华民族将“中国梦”作为社会愿景、为人民幸福努力奋斗之时，心理技术就成为必需的手段，要注重心理技术发展的科学化，促进心理技术的应用。从历史的发展过程中我们能够发现，虽然当今社会存在着多种多样的心理技术，但真正能够促进人类生活世界发展的技术仍是屈指可数，即便存在的这些技术也在一定程度上缺乏进一步发展的领域。因此，我们应该促进心理技术本身的科学化发展，注重技术的多元化、全面性以及协调性发展，让各种已成形的技术之间相互促进，寻找共同点或差异点，研发新的技术；或对传统技术进行科学化的研发与推广，以适应新的社会。只有如此，才能从根本上促进技术的形成与发展。

首先，将心理技术与心理科学相结合，才能促进心理技术稳步发展。心理科学的变革与其他科学一样，都在迅猛地发展，从而使心理技术的发展也不断地加速。但必须认识到的是，技术的发展与应用和实践经验的积累是分不开的，它不能只依靠心理技术提供的理论来发展，过于理性化的技术会与现实世界中人们的感性生活相脱节，从而使人们跟不上或承受不了新的技术，如此一来就会影响到心理技术的发展。再者，心理技术如果盲目地追求与心理科学同样的变革，必然会导致其自身发展的肤浅化。每一种技术的产生都应该考虑到与人类健康发展相关的各个要素，应使每个要素都能够得到充分的发展，进而从更本质的方面影响人类的行为方式。因此，要将心理科学与心理技术有效地结合在一起，一种新的与理论相结合的技术的运用就需要经过反复的衡量才能进入人类的生活世界，避免盲目地用科学的帽子去扣住技术的可操作性。

其次，注重心理技术的社会价值。随着我国社会的不断进步，在落实以人为本的科学发展观的进程中，人们越来越关注心理健康。心理科学揭示了心理活动的规律，但是依据心理规律，在科学发展观指导下，实际地、有效地塑造健康人格，从而奠定和谐社会的基础则是由运用大量的、针对不同心理问题的、有很高实际效果的心理技术来实现的。我们不能要求生活中的每个人都去了解复杂心理现象的本质，但是我们可以通过心理技术的运用，将心理现象这种复杂的精神世界物化，为人们提供一种能够促进自身问题解决以及实现自身发展的技术方法是心理技术发展的最终目的。同样，我们必须清楚地认识到，在现实生活中广泛地使用心理技术，干预和改变人们的心理生活已是现代文明的基本标志。

再次，加强研究和开发适合于我国文化背景的心理技术。与社会发展水平相对应，我国的心理技术发展与发达国家相比仍处于很低水平。其主要表现之一就是缺少系统完善的、符合中国文化特征的、高效的心理技术。“工欲善其事，必先利其器”，这就要求我国的心理学工作者利用专业优势，深入生活实际，在大量的临床经验基础上，创造性地锻造出印有中国文化标识的高效心理技术，从而形成一支有高水平专业素养、有丰富临床经验、掌握高效心理技术并能不断开发出新技术的专家团队。再经过这样一个专家团队的努力，开发出完全满足社会发展需要的心理技术体系。

最后，大力推广心理技术，建立完善的社会支持系统。我国心理技术水平低的第二个主要表现是，没有一个由拥有足够数量、具有职业资质、熟练运用心理技术的专业人员组成的心理援助的社会支持系统。基于此，我们应呼吁各级行政部门高度重视，加大投入，动员社会各界热心参与，组织那些有爱心、懂心理技术的人员建设和完善社会支持系统。切实保障和促进我国人民的心理健康，从而实现中华民族伟大复兴的历史重任。

多年来，辽宁师范大学心理学团队在完成教书育人任务的同时，坚守心理学工作者的社会责任，潜心钻研心理技术，积极应用于社会生活，取得了良好的实际效果，受到广泛赞誉。在此，我们将这些行之有效的心理技术整理成册，编撰出版，以图扩大影响，更好地服务于社会。

在编写本书的过程中，我们恪守的原则有：

一、科学性原则。在介绍心理技术时，我们依据心理科学的相关研究，明晰心理技术的实施机制和关联因素，确保技术实施的安全性。坚持唯物论，反对神秘主义，严守科学工作者的职业道德和人道主义情怀。

二、可操作性原则。我们尽可能提炼心理技术的理论阐释，较为详细地介绍实施技术的组织形式、指导要点、实施程序、道具采用和注意事项等，力求读者阅读后能够迅速掌握和正确实施心理技术。

三、可读性原则。为了方便读者阅读，我们在编写的过程中力求文字简洁，尽可能图文并茂，并以实际案例分析指导。我们不希望把这套书写成晦涩的学术专著，而更期待使其成为实施心理技术的指导手册。

在编撰的过程中，每一位作者都非常认真地完成工作，尤其是孙远刚教授付出了大量劳动。在此，我一并表示感谢！当然，这套书难免会有各种各样不尽如人意的地方，我们真诚地希望专家和读者能够直言不讳地指出来，以便我们修正，让我们进步。习近平指出，要加大心理健康问题基础性研究，做好心理健康知识和心理疾病科普工作，规范发展心理治疗、心理咨询等心理健康服务。这些心理治疗技术既是心理学事业发展的大好机遇，也加大了心理学工作者的社会责任。我们唯有更加努力，才能不负重托，实现社会价值，完成历史使命。加油，健康中国！

2016年8月

目录 Contents

前言

大学毕业留校后，我就在校心理咨询中心工作，除了对学生个体进行心理咨询外，还一直承担对全校学生进行心理健康教育普及的工作，其间也多次尝试用心理剧技术对学生个体和团体进行心理辅导。心理剧的角色扮演、替身、空椅等技术让学生的情感得到了宣泄，重新认识了自我，在人际关系、学习压力、恋爱关系等方面的咨询中取得了很好的效果。在感受心理剧治疗魅力的过程中，我发现学生更喜欢、更愿意接受心理剧这一形式，于是，我一直在努力尝试拓宽心理剧的应用范围，并一直尝试让心理剧以合适的形式在全校学生心理健康普及工作中发挥作用。

心理剧本质上属于一种团体心理治疗模式，不完全适用于心理健康普及工作，为此，我将注意力转移到心理情景剧上，开始研究和琢磨如何在学校心理健康教育普及工作中加以应用。

2006年，我在学校范围内挑选了一批对心理学感兴趣的学生组建了校大学生心理辅导团队，为开展心理情景剧做试验和准备，我以新生入学适应为主题，让心理辅导团队筹拍一部心理情景剧短片，要求学生自编、自导、自演、自拍。任务下达后，学生表现出的参与热情、编导能力、表演能力让我吃惊。《让我靠近你》这部心理情景剧短片在学校公映后，在学生中引起很大反响，以至多次放映，尤其对刚入校的新生触动很大。很多新生表示，这部心理情景剧短片像镜子一样折射出他们内心对新环境的紧张、不安与恐惧，又如导师一般告诉他们该如何以正确的心态适应新环境、融入新的群体生活中。

采用拍摄短片的方式只是对心理情景剧的初步尝试，因为拍摄比现场表演的难度要小。这次尝试取得成功后，从2007年开始，我在学生心理健康教育工作中正式开始使用心理情景剧，坚持采用学生自编自导的形式，心理题材涵盖入学适应、学习压力、恋爱、亲子关系等学生心理问题常见领域，从演出现场看，几乎每次都座无虚席，每个观众都聚精会神、全情投入，这情景与传统的大学生心理健康课形成了强烈的反差。

从表现形式看，校园里编演的心理情景剧是心理剧的一种简化，以学生身边常见事例为载体，通过演员的表演将个人内心的情感在舞台上展现出来、宣泄出来。台下观众同样是学生身份，观看的剧情都是自身熟悉甚至经历过的事情，也都是自身有过的心境，因此极易感同身受并产生心理共鸣，同时达到了情感宣泄的目的。从效果来看，心理情景剧一般难以达到对个体进行心理治疗的目的，但观众通过与台上演员的共鸣，宣泄自身情感后，能重新审视、检讨自己某方面的心理情感，并开始重视自己某方面的心理问题，自觉或不自觉地调整自己并解决问题。

从组织学生编演心理情景剧的经历看，心理情景剧的难点有两个方面：一是如何真实、准确地表现人物心理；二是如何提高表演本身的吸引力。鉴于这两点，我逐步引导并培训学生将角色技术、替身技术、对比技术、具象化技术等应用在心理情景剧中，通过这些技术的应用，来更好地诠释人物的内心世界，让人物心理矛盾得到最大限度地彰显和释放。另外，我一直在培养和锻炼一支相对稳定的学生编演团队，通过不断编演来逐步提高团队的编剧能力和表演能力。

流水的学生，铁打的老师。学生编演团队的骨干总是要定期离校的，我希望加入编演团队的学生通过阅读本书了解心理情景剧的剧本原理，能快速掌握心理情景剧的编演流程和技术要点，这是我着手编写本书的初衷。

但执笔欲写，又有几分犹豫。校园心理情景剧与心理剧不同：心理剧作为一种完善的、成熟的团体治疗手段，有完善的理论基础、成型的技术、通用的操作流程等作为支持；而心理情景剧尽管在校园流行多年，但是除可界定为心理剧的一种简化形式外，其适用理论、适用技术、操作流程、效果评价等方面均未有权威说法或一致做法，仅是各校同行按各自的理解、想法在做。有鉴于此，本书对心理情景剧的技术原理、理论等方面未做深入探讨，而是根据自我经验，以介绍心理情景剧如何编演为主。我衷心地希望能通过本书与同行分享我的工作经验，并希望同行对不足、纰漏之处给予指正。

董成文

2016年10月　大连

第一章
绪 论

《中小学心理健康教育指导纲要（2012年修订）》中提到：心理健康教育课应以活动为主，可以采取多种形式，包括团体辅导、心理训练、问题辨析、情境设计、角色扮演、游戏辅导、心理情景剧、专题讲座等。根据《纲要》要求，各地中小学为提高中小学生心理素质、促进学生心理健康，开展了不同形式的学生心理健康教育工作，并取得了一定成效。诸多形式的心理健康教育活动中，心理情景剧作为一种新兴的活动模式，日益受到学生的欢迎，并在中小学校园里逐步推广开来。

心理情景剧在取材上立足于中国本土文化和国情，表演形式上吸收融合了话剧、小品、心理剧、音乐剧等艺术表现形式，具有参与性、自创性、体验性、易接受性等特点。心理情景剧作为一种独具魅力的心理治疗方式，主要用于团体治疗，对中小学生心理健康教育普及起着非常独特的作用，目前尚处于探索发展期，需要在具体实践中逐步加深理解并不断完善。

第一节　心理情景剧概述

一、什么是心理情景剧

心理情景剧是通过对既设剧情进行表演来呈现典型的心理困惑、冲突和矛盾的一种话剧形式，它以心理剧的理论为基础，融入心理学知识原理和心理咨询技巧，以学生的学习、生活、情感的现实情景为依据，先将他们成长过程中普遍存在的心理现象和内心情感体验编成短小精悍的故事，然后运用戏剧、小品等艺术表现手法编成情景剧本。实践中主要在心理辅导教师的指导下，通过学生自编、自导、自演的方式，让参与学生（包括学生观众）在轻松愉快的气氛中学习心理健康相关知识、合理观念以及一些解决心理问题的方法，从而增强学生的自我调节能力，促进学生心理健康发展，达到助人自助的目的。

二、什么是心理剧

心理剧（psychological drama）是一种使用行动技术的团体心理治疗模式，由维也纳精神科医生莫雷诺（J.L.Moreno）创立，心理剧是由导演根据接受治疗者的具体问题，通过特殊的戏剧、小品等形式，再造问题情境，创建一个导演能掌控和支配的心理环境，让接受治疗者自发地在再造心理冲突情境下表演，使接受治疗者压抑泛化的情绪得以释放，从而达到治疗目的。也就是说，心理剧是由参与团体治疗的成员们在治疗师（导演）设定的剧情和环境下，逐步进入再造的问题情境和心理冲突环境中，引导接受治疗者自发地找到心理问题的解决方案后宣泄情感，从而走出心理困境，实现自我疏导和治疗。

三、心理情景剧与心理剧的联系与区别

心理情景剧由心理剧衍生而来，两者的相同之处是都采用戏剧的表现形式，剧中包含戏剧所需要的各种元素，在表演的过程中呈现问题、解决问题。但两者在很多方面仍存在明显的区别。

（一）剧本结构不同

一般来说，心理剧不需要有一个完整的故事结构，剧本编排中以再现某种矛盾场景、心理冲突为目的，即重点在于矛盾场景及心理冲突之前的铺垫剧情，

多数情况下没有结尾，当然也不需要有结尾。而心理情景剧一般都具有完整的故事结构，呈现给观众的是一个短小但故事结构完整的话剧。

（二）目的不同

心理剧以达到团体治疗为目的，即根据接受治疗者本身的具体问题编排剧情，目的是最终解决接受治疗者的具体问题，对观众的教育引导只起到辅助作用，这也是故事结构无须完整的原因之一。而心理情景剧的主要目的是教育观众如何解决典型和常见的心理问题，而非解决个人的具体心理问题，因此追求故事结构完整的原因是为了让观众有兴趣和耐心观看完整部话剧。

（三）主角和情节真实性不同

心理剧的目的是为了解决团体成员某个具体的心理问题，因此主角一定是一个真实的个体，即主角就是接受治疗者本身，同样剧情的编排也是主角本身的真实经历和体验。而心理情景剧的主角一般选择有表演经验或表演技能的学生担任，剧情由导演根据现实生活中的事件改编而成，改编的剧情应尽量追求故事性和趣味性，以达到观众愿意观看和体会的目的。

（四）表演中导演的参与度不同

心理剧的目的是再现某种特定的矛盾场景和心理冲突，而主角就是接受治疗者，因此导演就是治疗师，导演必须监控剧情的发展，推进、引导剧情的发展，必要时需要控制主角向特定的剧情发展，因为一旦剧情失控，达不到既定的矛盾场景和心理冲突，给主角进行治疗的目的就失败了。而心理情景剧的参与者是有表演能力的学生，并且故事结构完整，因此，导演无须实时监控、引导剧情的发展，由学生根据既定剧情表演即可。

（五）剧中的隐喻是否清晰明确

话剧中的矛盾和冲突主要通过隐喻的方式表达，同时难以触摸、言表的体验都通过隐喻的方式表达，但隐喻是否需要清晰明确则要视具体情况而定。心理剧的目的是对团体进行治疗，接受治疗者的情感宣泄是治疗中必要且必经的手段，因此在心理剧中，当剧情再现既定矛盾冲突、心理情境时，隐喻必须明确、清晰、强烈，让接受治疗者有强烈的心理共鸣，从而进行直接的情感宣泄，以达到治疗的目的，这也是心理剧创立者莫雷诺主张和倡导的做法。而心理情景剧的目的是对观众进行典型的心理健康教育，重要的是观众通过剧情获得自身的体会、感悟和理解，直接、明确的隐喻未必能被观众所接受。另外，从我国传统文化和思维习惯的角度考虑，清晰、直接的隐喻也未必能被观众喜欢。因此在心理情景剧中清晰明确的隐喻不是必要的，一般来说，即使有，也仅是在剧情的高潮阶段适当地表现出来。

综上所述，心理剧与心理情景剧的区别，如下表所示：

心理剧	心理情景剧
不需要有完整的故事结构	要有完整的故事结构
解决个人的具体心理问题	解决群体的典型心理问题
主角是需要心理辅导的来访者	主角是具有表演能力的学生
剧情是主角本身的真实经历和体验	剧情由导演根据现实生活中的事件改编
导演在舞台上进行指导	导演只在编排过程中发挥作用
隐喻必须清楚明确	隐喻不一定很清楚
私密性、自发性、创造性及辅导性	公开性、表演性及教育性

第二节　心理剧的历史发展

心理情景剧是基于心理剧发展而来的，其理论基础、表现形式均脱胎于心理剧，可以视为心理剧的一个分支，因此，了解心理剧的历史发展有助于更好地理解心理情景剧。

一、心理剧之父简介

心理剧（psychodrama）是由雅可布·李维·莫雷诺（J.L.Moreno）于1921年在奥地利维也纳创立的，其一生最重要的贡献主要在心理剧、社会剧以及社会计量学领域。

莫雷诺在1889年5月出生于罗马尼亚的一个犹太人家庭，从小跟随母亲生活，母亲信仰犹太教，同时在天主教修道院的学校中接受教育，这种融合了犹太教与天主教传统的经验对莫雷诺日后的发展影响很大。莫雷诺生活的年代，犹太人受尽迫害，为此他几度搬家甚至改名，但母亲坚信莫雷诺会成功，受她的影响，莫雷诺内心越发成熟，从未放弃自己的理想。莫雷诺周游世界各地，从未间断研究、发展心理剧达数十年之久，随着年龄及阅历的增长，他在心理剧方面的研究也越发完善。

二、心理剧的发展历程

（一）心理剧的产生基础

莫雷诺于欧洲文艺复兴时期就读于奥地利维也纳大学，专业为哲学及医学，其中医学获得博士学位。莫雷诺开创心理剧源于他学习医学专业时的特殊爱好，作为一名医科学生，他非常喜欢讲故事给孩子们听，然后鼓励孩子们将所听到的故事分角色表演出来，他发现，孩子表演后都不同程度地获得了感性和理性上的满足感、成就感。根据孩子们的表现，莫雷诺相信，每个人都是天生的演员，具有渴望表演的本能，每个人都渴望将内心的感受淋漓尽致地表现出来，而心理疾病很大程度上就是人的感受、情感被压抑所导致的。1919年，莫雷诺开始通过表演的方式让心理疾病患者释放自己的情感，以达到治疗心理疾病的目的，由此为心理剧的产生奠定了基础。

（二）心理剧的雏形

人到中年后，莫雷诺从单纯的个体心理治疗开始转向关注并解决社会问题，希望通过自身的努力改变社会的诸多弊端。莫雷诺相信人性本质上是善良的，主宰命运的是自己，消除自身积弊的最好办法是自己发现问题并做到自我解决。为验证自己的想法，莫雷诺召集了一群问题少年成立了一个小剧团，鼓励剧团内的少年们将团体内的矛盾冲突、内心纠结等表演出来，每次演出都颇受维也纳市民的欢迎。此举收到了良好的成效，一些问题少年也重新找到了人生目标，其中的一名少女甚至成为著名演员，初次的成功使莫雷诺坚信心理剧的未来可期。

1920至1923年间，莫雷诺在维也纳创设了“自发性剧场”（the theater of spontaneity），莫雷诺认为，所谓自发（spontaneity）是指人面对一个新情境时自然产生的一种反应，他本能地认为自己的这种反应是对的，并坦然面对；若无法做出反应，个体就会焦虑、不安、无所适从，进而因无法适应新的情境而产生心理疾病。莫雷诺认为，自发是人的本能，现实中的人因需要考虑诸多与切身利益相关的因素而可能导致自发反应无法产生，但舞台给人提供了一个看似虚幻的空间，使人认为这不是在现实中，从而自然地产生自发反应。“自发性剧场”实质上就是让被治疗者作为舞台上的主角，使其暂时无法分清虚幻和现实，让其在舞台上敞开心扉、面对矛盾，从而顺利地产生自发反应，简单地说，心理剧就是唤醒人自发的工具。莫雷诺的“自发性剧场”强调台上与台下的互动和即兴的创作过程，鼓励观众不仅要说出自己的故事，同时也要上台来演出自己的故事。实践中，莫雷诺发现“自发性剧场”对婚姻、爱情等人际交往方面的心理问题产生了极大的改善作用。

（三）心理剧的理论基础成型

1925年，莫雷诺移居美国纽约后，开始致力于治疗情绪困扰的住院儿童、犯人和政治社会心理学方面的问题，并以监狱犯人为实验对象，将犯人分组后训练他们如何进行人际交往。1932年，莫雷诺提出了精神治疗领域的“社会计量法”“团体心理治疗”，深刻影响了美国心理健康行业的发展。1933年，莫雷诺在Hudson女子学校的实验将“社会计量法”“团体心理治疗”的理论付诸实施，获得了巨大的成功。在此基础上，莫雷诺开始将心理剧应用到心理治疗临床系统中。1934年，莫雷诺出版了《谁将得以幸存？》一书，全面介绍和诠释了心理剧的理论和应用，在心理学界产生了极大的震动，目前仍是所有心理剧导演必读的书目之一。

（四）心理剧的应用发展期

1936年，莫雷诺在纽约州比肯成立了一个以心理剧为治疗方式的私人疗养院，完形治疗（Gestalt）创始人皮尔斯（F. Perls）及沟通分析（Transactional Analysis）的创始人伯尼（E. Berne）等知名的心理治疗专家都曾参与其中，深受他的影响。之后，莫雷诺在妻子的协助下出版了《心理剧文集》（vol. 1，2，3）、《心理剧的规则、技巧和附属方法》《精神疾病的心理架构》等有关心理剧的著作。经过莫雷诺的不懈推广，到他去世时，心理剧已经成为一个为众多国家所接受的重要心理治疗流派，除了美国团体治疗与心理剧协会每年定期举办会议外，英国也成立了心理剧协会并举办了影响较大的国际会议。目前欧洲和澳大利亚共有28个国家和地区成立了相关的组织和机构，在瑞典、德国、阿根廷、巴西、新西兰、澳大利亚和日本等国，心理剧已经成为心理治疗的重要组成部分。

20世纪80年代中后期，心理剧作为一种心理治疗方法逐渐被介绍到我国，被我国心理咨询与教育领域的专家学者了解并开始付诸实践。今天，心理剧已广泛运用在军队、武警、公安、监狱、政府、教育、卫生、医疗等诸多部门，在家庭系统、婚姻情感、亲子、人际关系、职场等方面也开始得到重视与应用。

第三节　心理情景剧的出现与发展

一、心理情景剧在我国心理健康教育领域的出现

20世纪90年代初，心理剧开始出现在我国内地高校，为各高校心理学工作者研究和接受，并开始在团体心理治疗及心理学专业教学实践领域逐步得到应用。近年来，由于学生心理健康工作的普及，校园心理情景剧开始在各级学校流行起来。校园心理情景剧是从心理剧衍生发展而来的，作为一种普及性心理健康教育模式，以其参与性、独特性、易接受性及趣味性被学生广泛接受，并作为我国一种有效的、独特的心理健康教育形式被迅速推广开来。

从表现形式看，心理情景剧吸收了国外心理剧的技术基础，融合了中国本土话剧、小品等艺术表演形式，同时汲取了舞蹈、绘画、音乐等艺术手法。从实施方面看，主要由学生自编自导自演，具有很强的娱乐性、互动性、参与性。从表达内容方面看，主要表现的是学生学习、情感方面所涉及的心理问题。从效果方面看，心理情景剧作为一种心理教育手段，为学生提供了一种发现、思考及解决心理问题的思维方式，是一种有效的心理健康教育模式。

国内心理学工作者对心理情景剧研究后发现，心理情景剧适用于解决发展性、公开性的心理问题（钱筱婷，2009），认为心理情景剧是心理健康教育的重要途径，可以有效地缓解青少年学习生活中遇到的人际关系等问题。同时有学者认为，心理情景剧依据学生的校园实际生活进行取材设计，突出表现了学生们在成长中所普遍存在的共性问题，学生参演积极性高，容易接受这种新颖的教育方式，对学生能起到良好的教育作用（王敏玲，2010）。乔永平（2010）认为，心理情景剧可以强化学生的情感体验，促进心理问题的解决。项传军（2009）认为，心理情景剧可以帮助学生认识自身问题，不断完善学生个体的人格发展，促进学生心理健康的良性发展。

二、心理情景剧的特点和遵循原则

心理情景剧是一种以现实生活为原型的团体心理辅导方式，剧中学生表演的都是发生在他们身边的熟悉事情，他们从中体验心理上的细微变化，发现问题本质，明确症结所在，找到解决方法，领悟其中的道理，无论是参演者还是观看者都能受到深刻地启发与教育。

（一）心理情景剧的特点

1. 实践性。心理情景剧通过学生的表演，强化自己在校园、社会情境中的心理体验，明晰自身的心理困惑，并找到解决自我心理困惑的办法以形成良好的心理品质，体现教育的基本性质——实践性。

2. 社会性。心理情景剧为学生了解他人、了解社会提供了模拟真实的时间和空间，从而有意识地发展良好的个性。

3. 活动性。心理情景剧显然为学生提供了良好的感悟、交流、矫正平台，提供给学生活动的“模拟空间”，通过活动让学生得到充分的感悟。

4. 主动性。心理情景剧帮助学生尝试一系列的角色，培养学生检验和改变自己角色的能力，通过自编自导自演，主动尝试解决自身心理问题。

（二）心理情景剧要遵循的原则

心理情景剧由心理剧发展而来，融汇了话剧、小品等艺术表现形式，比一般心理剧具有更强的表演性。它在校园环境中，在心理教师的指导下，由学生自发地将生活经历再现出来，参与的人在情节中不断体验和感受各种角色的遭遇，与同伴交流、分享，并探索解决问题的办法，同时还通过舞台表演，让更多的观众从中感受体会，从而给更多的人以启发和教育。在具体实施过程中要遵循以下原则：

1. 接受性原则。夸美纽斯在《大教学论》中指出：“教给学生的知识，必须为青年人的年龄与心理力量所许可。”因此，在设计心理情景剧时，必须认真考虑学生的心理现状和实际水平，创造欢乐、愉快的氛围，促使学生从心理上产生相应的需求。

2. 发展性原则。要让学生通过心理情景剧学会完善自己，塑造健全、健康的人格；学会在集体中找到自己的位置，协调各种人际关系，学会谦让，在理解、尊重、合作、竞争中友好相处，与集体和谐一致；充分意识到自己的潜能，学会激发潜能的方法，提高自信和自尊，热爱学习。学生的心理是一个发展的过程，教师在指导心理情景剧的编导时，要有梯度，符合学生的心理发展水平，同时还应恰当地提出新问题，以达到“最近发展区”，逐步提高学生的心理素质和调试能力。

3. 主体性原则。学生是心理情景剧的主体，在心理情景剧中处于中心地位。从设计、准备到具体的安排和组织，都应让学生自主参与。

4. 体验性原则。苏霍姆林斯基指出：“要让一个道德概念成为一个信念，必须经过情感体验。”在活动中，学生通过体验不同情境中的情感，从而发展自我。体验越深刻，激发潜能发展的作用就越大。

5. 合作性原则。心理情景剧活动应该在轻松、愉快、自由、平等、和谐的良好气氛中进行，这种气氛来自于师生间平等、民主、合作的关系。

6. 普遍性原则。心理情景剧主要由学生自编自导自演，因此它一般不用于解决个体的心理健康问题，主要针对群体性、普遍性的典型心理问题进行编导并给出解决方案，通过公开展演的方式，对学生进行普遍性心理健康教育。

三、心理情景剧的应用形式

心理情景剧是一个新事物，它避免了枯燥的灌输式教育，让学生在娱乐中发现问题、感悟并找到解决心理问题的途径，它作为一种团体心理辅导的形式，主要的应用形式有：

（一）作为教学方式

在心理健康教育课上，教师提出生活中的心理案例后，与学生一起讨论解决问题的办法，之后由学生现场自编自导自演，如此，既使教学内容生动形象，不再晦涩难懂，又加深了学生对心理问题的体验和理解。

（二）用于主题班会

在集体生活中，班主任和学生干部可针对班级中近期存在的各方面问题，查找现象背后的心理因素，一起讨论出和谐、理性的解决方案，然后由班主任策划、学生干部组织，自编自导成心理情景剧，在主题班会上进行表演。此种方式能更好地解决班集体生活中存在的各种问题和矛盾，由学生自己编、导、演，更容易被学生理解和接受。

（三）心理健康普及教育

校内设立的心理咨询机构或学校的专职心理健康教师，可在座谈和调查摸底后，针对本校学生的典型心理问题组织有表演才能的学生编排心理情景剧，然后组织全校学生统一观看，以达到对学生进行心理健康普及的目的。

四、心理情景剧在心理健康普及工作中的具体应用

心理情景剧作为心理健康普及工作的一个新兴形式，比传统的心理健康教育模式更具优势，目前心理情景剧主要应用在学习压力、社交、情感、亲子关系、青春期烦恼等方面，这些方面同时也是中小学生普遍存在的心理问题。

（一）学习压力

考试压力、升学压力是中小学生面临的最普遍的心理压力，长期处于学习压力中，会使学生产生心理问题，因此如何缓解学习压力是学校心理健康教师的主要工作之一。以心理情景剧的方式展现学习压力，告诉学生如何缓解压力，作为观众的学生更容易感同身受，更容易理解，更容易切入剧中的情节中，这种方式比传统的讲座、说教更容易达到教育效果。

（二）社交、情感困惑

在校园生活中，学生们普遍存在着社交、情感困惑，妥善处理这些关系会使他们身心舒畅，静心投入学习中。但关于此类问题，学生们一般都羞于向家长、老师倾诉，总觉得难为情，而心理情景剧却可以在不涉及个人隐私的情况下，让学生的情感得到宣泄，并发现自身问题，找到有效解决问题的途径。

（三）亲子关系

现在父母普遍对孩子要求很高，对孩子抱有过高的期望，但因代际问题，父母和孩子之间往往难以做到有效沟通，经常造成亲子关系紧张，使孩子与父母长期对立，如此，对孩子的学习和成长都极其不利。心理情景剧在解决亲子问题上给孩子提供了一个敞开心扉的平台，亲子间的矛盾可以通过表演的方式展现出来，通过角色扮演，独白等方式，既能使孩子的不良情绪得到宣泄，也能换位理解父母的心情和想法。心理情景剧能促成代际之间的良性沟通，能使孩子感受到父母的爱，更能理解父母，有助于改善亲子关系。

第二章

心理情景剧的理论基础

心理情景剧是近年来在心理剧基础上发展而来的一种心理普及教育模式，本质上属于心理剧的一种特殊应用形式，仍以心理剧的理论基础为其理论基础，因此要了解心理情景剧的理论基础就需要对心理剧的相关理论进行阐述。

第一节　精神分析理论

精神分析学说（精神分析理论）是由奥地利心理学家S.弗洛伊德创立的，是现代心理学的基础理论之一，心理剧创立者莫雷诺早年受精神分析理论影响很深，其通过表演来治疗心理问题的方式就是受精神分析理论启发而产生的。

一、精神分析理论的基本内容

精神分析理论主要研究人的本能及潜意识对人的心理和行为的作用，强调的是无意识对行为的影响，该学说也是从精神治疗的实践中提出的，主要通过对人的潜意识、本能的分析来治疗心理障碍。

精神分析理论认为，潜意识是人心理结构中最深层次的部分，也是人产生本能的来源，同时也是人一切理性意识和行为的本源。潜意识平时受人的理性意识压制，处于人思想活动的最底层，是人无法准确意识和感知到的最原始的情感、思维、欲望等。理性意识是潜意识在社会活动中产生的一种适应社会的情感、欲望等，或者说是一种理性的思维和行为。在精神分析理论里，潜意识代表的是本我，理性意识代表的是自我。社会活动中一般都是自我压制了本我，即人的合理、现实的欲望和思维压制了人最原始的欲望和思维，或者说就是理性压制了本能。

精神分析理论认为，本我被过度压制是产生心理障碍的根源，即人不能太理性，需要适度释放自己的本能和欲望。从本我的特点看，本我是在不断寻找机会突破自我的，即人曾经受到的耻辱、恐惧、愤怒、欲望等被压制在潜意识里，总是要寻找机会宣泄的，但人往往觉察不到。当潜意识里需要宣泄的东西积累到一定程度时，自我往往就难以压制，会在某件事情上一下子爆发出来，这样，人就表现出某种心理问题了。

二、精神分析理论在心理情景剧中的应用

莫雷诺认为，既然人的负面情绪总是要宣泄的，那么心理剧就给人提供了可以进行情感宣泄的虚拟现实，人可以在舞台上将潜意识里受压抑的情感和欲望充分表达出来。心理剧的导演在了解被治疗者需要释放的负面情绪后，就可以将被压抑在潜意识里的情感、欲望通过剧情表现出来，让潜意识里需要宣泄的东西具体化，让演员直面自己的内心世界，并敞开心扉将压抑的情绪宣泄出来，如此人的心理问题就得到了缓解，减轻了其心理压力。

在校园里编演的心理情景剧是心理剧的一种简化，它不以解决某个具体心理问题为目的，而是以中小学生典型的心理问题为载体，通过演员的表演将个人内心的情感在舞台上展现、宣泄出来，而台下观看的学生也极易感同身受并产生心理共鸣，达到情感宣泄的目的，从而自觉或不自觉地调整自己。

第二节　行为主义理论

行为主义理论最早是由美国心理学家J. B. 华生创立的，其核心观点是人的行为都是通过后天学习得到的，后来该学派的另一代表人物班杜拉在此基础上提出了观察学习理论，即人的很多行为都是通过对榜样的观察学习而得到的，心理剧编演中运用的很多技术都借鉴了行为主义理论。

一、行为主义理论的基本内容

美国心理学家J. B. 华生于20世纪初提出了行为主义理论，该理论认为人类的行为都是后天习得的，环境决定了一个人的行为模式，无论是正常的行为还是病态的行为都是经过学习而获得的，也可以通过学习而更改、增加或消除。华生认为，查明了环境刺激与行为反应之间的规律性关系，就可以根据刺激的形式特点来预知反应，或根据反应来推断刺激的来源和特征，达到预测并控制人行为的目的。

之后，作为新行为主义学派代表人物之一的班杜拉提出了观察学习理论，为人类习得行为、掌握知识途径的探索研究开拓了新的视野。班杜拉认为，人类的大量行为都是通过对榜样行为的观察而习得的，这种学习就是观察学习或模仿学习。凡是能够成为学习者观察学习的对象，就可以称之为榜样或示范者。榜样不一定是活生生的人，也可以是以符号形式存在的人（如影视中的人）或事物、动物等。根据观察者观察学习的不同水平，观察学习可以划分为三种类型：①直接的观察学习，即学习者对示范行为简单的模仿。②抽象性的观察学习，学习者从示范者的行为中获得一定的行为规则或原理。③创造性观察学习，学习者从不同示范行为中抽取出不同的行为特点，并形成一种新的行为方式。观察学习分为四个过程：①注意过程，起始于学习者对示范者行为的注意。②保持过程，即用言语和形象两种形式把所获得的信息转换成适当的表象保存起来。③运动再现过程，把记忆中的表象转换成行为，并根据反馈来调整行为以做出正确的反应。④动机过程，即学习者是否能够经常表现出示范行为还受到行为结果因素的影响。班杜拉认为，有三方面的因素影响着学习者再现示范行为：①他人对示范行为的评价。②学习者本人对自己再现行为能力的评估。③他人对示范者的评价。班杜拉把这三种对行为结果的评价分别称之为：外部强化、自我强化和替代性强化。这三种强化都是制约示范行为再现的重要驱动力量。

二、行为主义理论在心理情景剧中的应用

根据行为主义理论的刺激-反应模式，心理情景剧中经常采用的角色互换技术，就是通过对角色的变换，为表演者和观众呈现一个新的刺激—反应的联结，帮助他们突破自身角色局限，尝试其他角色认知和角色行为，重新学习新的行为反应方式。

根据榜样学习理论，对心理情景剧中的主角而言，通过舞台表演向观众呈

现内心的矛盾冲突，进而审视、修正自身的行为和思想认识；对台下观众而言，台上的矛盾冲突是对观众新的刺激，台上主角是观众观察学习的榜样，通过观看，观众们及时识别内心积压的不良情绪，获得内在的共鸣和适当的情绪宣泄，在行为层面上进一步学习新的适应性行为。

第三节　人本主义理论

人本主义心理学兴起于20世纪50至60年代的美国，是美国当代心理学主要流派之一，由美国心理学家A. H. 马斯洛创立，其代表人物有马斯洛、罗杰斯等人。

一、人本主义理论的基本内容

人本主义强调人的尊严、价值、创造力和自我实现，把人的本性的自我实现归结为潜能的发挥，而潜能是一种类似本能的性质。它最大的贡献是看到了人的心理与本质的一致性，主张心理学必须从人的本性出发来研究人的心理。

马斯洛对人类的基本需要进行了研究和分类，将之与动物的本能加以区别，提出人的需要是分层次发展的，他按照追求目标和满足对象的不同把人的各种需要从低到高安排在一个层次序列的系统中。罗杰斯则在心理治疗实践和心理学理论研究中发展出人格的“自我理论”，并倡导“患者中心疗法”的心理治疗方法，认为人类有一种天生的“自我实现”的动机，即一个人发展、扩充和成熟的趋力，它是一个人最大限度地实现自身各种潜能的趋向。

莫雷诺的心理剧非常注重当事者的主观力量，这种重视主观经验的态度，明确而充分地体现了人本主义学派的观点：以人为本。莫雷诺相信，人生来就是一个演员，拥有自然的行动期望。成长的过程中，通过不断丰富的感觉器官来与世界接触，认识这个世界，同时内心的各种状况也会流露出来。这种自发性便是人格成长中的重要观点。莫雷诺指出，这里所指的“自发”是指面对一个崭新的情境时，个体的一种自然激起的反应，或者是面对一个旧的环境时，个体脱离过去经验的束缚，创造出一种全新的方式去面对的力量。个体在自发的状态下，会获得无限的创造能量，并有创意地去面对现实中的情境。

二、人本主义理论在心理情景剧中的应用

心理情景剧也承袭了这一观点，指导教师往往会要求演员将自己内心的矛盾冲突通过动作表现的形式展现出来，演员在表演的同时也会从他人的角度观察到自己的行为举止，在主观上看待自身价值的同时，获得客观的评价体验。而台下的观众则可以透过演员的演绎，追溯自己的过去经历，客观评价从而解决由过去不可弥补的事情所引起的心理问题，重新认识自我，并找回自信。这种戏剧表现形式的优点是可以改变个体的心态，可以让个体通过想象对自己的情绪、认知和行为有更深层次的认识，清晰认识问题的症结所在，重新审视和形成新的理性认识，并激发内在的潜能，使得创造性勇气得以发挥，从而获得心理的成长和升华。

第四节　角色理论

角色理论是心理剧理论中的核心内容，心理剧的结构、形式、内容都由接受治疗者在矛盾冲突中所扮演的角色决定。

一、角色理论的基本内容

角色一词，狭义上是指在表演行为中演员的表演规范和内容，广义上是指社会生活的某个行为或事件中一个人表现出来的个人特征或区别于其他人的行为方式。同一个人在社会生活的不同事件中可能表现出不同的行为特征，即同一个人在不同社会生活事件中扮演的角色是不同的，或者说一个人扮演不同角色时，应产生不同的行为方式。一个人是不能脱离社会生活而存在的，人适应社会生活实质上就是对自身扮演的不同角色有正确的理解，能根据不同角色调整自己的心理地位，做出合理的行为。

现实中，个人实际上无法对自身所扮演的各种社会角色都有正确的认识和理解，也无法使扮演的每个社会角色都产生合理的行为，由此就导致了个人在某方面与社会生活的不协调。从具体表现看，就是个人行为或想法与周围环境或周围的人产生冲突或者不协调，若不能及时调整，就会对人的心理健康产生影响，直至产生心理问题。因此，从社会心理学的角度看，人在现实中的矛盾冲突、心理困惑都可以归咎于社会角色扮演的失败。

二、角色理论在心理剧中的应用

心理剧中角色的概念有两方面含义，一是心理剧表演本身的含义，即心理剧表演时，接受治疗者所扮演角色的表演规范和内容；二是社会角色的含义，即接受治疗者在现实生活中的社会角色，如亲子矛盾中父亲的角色。在心理剧表演中，接受治疗者在剧中表演的角色与其在现实中的角色含义有时是一致的，有时是不一致的，这需要接受治疗者按照导演的要求来进行表演。也就是说，心理剧中的角色分为两种，一种为角色扮演（role playing），即接受治疗者扮演的是其在生活中的真实角色，是真实的经历、体验；另一种为扮演角色（playing the role），即对他人在现实中所担当的角色进行扮演，一般是接受治疗者现实社会角色的矛盾关联角色。人们在角色扮演与扮演角色两种方式转换的过程中，会以新的视角来审视自己的社会行为和心理矛盾冲突，同时也能体会到作为自己身边的“他人”的心理状态以及不同的社会角色的处境，从而达到相互理解的状态，更正自己的偏激观点和看法，调节自己的心理状态。

莫雷诺认为角色理论具有激励创造性变化的潜在作用。他认为通过不断表演，能帮助主角不断明晰自身在真实社会角色中的扮演行为与在剧中扮演角色的差异，或者说，通过表演对自身真实的社会角色的理解逐步增强和加深，由此，可以重新看待身边的人和事，所以角色理论具有增强个体思维灵活性和健全心理结构的作用。

三、角色理论在心理情景剧中的应用

从角色理论来看，心理情景剧主要是训练学生个体对不同角色的理解及在不同角色转换中的平衡能力，无论是表演者还是学生观众，都能通过心理情景剧产生对不同角色的体验，在提升自身生活经验的同时，更多地站在他人的角度来思考问题。总的来说，角色理论对心理情景剧的促进作用表现在：（1）当一个人对更多的角色行为熟悉时，他的选择感会增加，即他会重新审视自身在现实中的社会角色，并可以重新做出选择。（2）理解不同社会角色的重要性，通过不同的角色扮演行为，理解不同社会角色的重要性。（3）增强角色认同感，通过不同的角色扮演行为，开始理解和认同其他社会角色的行为和想法。（4）自我体验感，在许多层面主动而富有创意地演出自发性的角色行为，可以产生出十分重要的功能，即增加一个人的价值感。

第五节 格式塔疗法理论

格式塔疗法强调，人是一个有组织的整体，把心理或行为看作情感、思想、行动的整合过程，又称完形疗法。格式塔疗法的基本假设是，个人能有效地处理生活上所发生的问题，特别是能够完全察觉发生在自己周遭的事情。格式塔疗法认为，心理障碍的主要原因有多种，如人们以假定的定式思维对待生活；以固执、僵化的思维代替行动；拒绝接受现实，喜欢回味过去或憧憬未来；怨天尤人，不承认自己和别人的现实情况，认为自己和别人不应如此；对自己的决策缺乏责任感等。针对这些导致障碍的原因，格式塔疗法采用如对话练习、双椅技术、责任心训练、梦的分析等具体技术来强化病人的直接经验，提高患者的意识性，使他们了解自己所运用的心理防御机制，解决困扰他们的问题。格式塔心理学派认为，治疗的目的并不在分析，而在于整合一个人存在的内在冲突，通过察觉，以及经由察觉来获得更多的选择，肩负更多的责任。这种察觉包括：了解环境、了解自己、接纳自己，以及能与别人会心接触。

编演心理情景剧的目的在于：通过表演或观看心理情景剧，学生们获得内在的心理体验，达到个人察觉的状态，以及经由察觉来获得更多的选择，进一步促使个体察觉能力的提升与丰富化。因为具有察觉能力后，学生们就有了一定的包容力去面对与接纳自己原先拒绝接受的部分，并能充分体会这一部分的主观性和内在含义，于是他们会变得逐渐统一与完整。心理情景剧正是创造了一个使学生能够察觉自身和环境的舞台，帮助学生培养并提高察觉能力，改变对待事物的不良态度，从而达到心理辅导的效果。

第三章

心理情景剧的结构

心理情景剧从表演形式上看属于情景剧范畴，但与一般情景剧不同的是，心理情景剧要达到对观众进行心理健康教育的目的，既要展现强烈的心理矛盾冲突，也要有故事吸引力，更重要的是要让学生看得懂、看明白，观看后知道解决心理问题的方法。另外，与平时常见的情景剧不同的是，校园里展演的心理情景剧都很短，故事场景较少，却要在有限的几个故事场景里充分展现矛盾冲突的由来、发展以及高潮。因此，心理情景剧的结构从表演形式角度可分为背景、故事场景两部分，从解决心理矛盾冲突角度可分为矛盾背景、矛盾起因、矛盾集中展现、矛盾解决方案四部分。

第一节　背景

因心理情景剧最终要表现的是细腻的心理冲突问题，考虑校园里编排的心理情景剧都不长，并且参演的学生也不是专业演员，要让观众明白和理解一个完整的心理冲突，那么故事场景展开之前的背景交代就非常必要。

一、背景内容

根据展现的心理矛盾冲突、故事场景数量、出场人物个数等不同，背景需要交代的内容也会不同，但考虑校园心理情景剧的特点，背景一般要交代以下内容：

（一）人物背景

心理矛盾冲突中必然有人，人的行为交集才会产生矛盾，从而造成个人的心理问题，但人的行为与在事件中所担当的角色有关，因此心理情景剧中首要的是在开场前交代出场人物的背景，包括人物担当的角色、角色之间的关系、个性特点、年龄等。

（二）事件背景

事件背景也即矛盾背景。现实中的任何矛盾都是多方面原因促成的，甚至很多矛盾很难找到明确的原因，矛盾的最终激化总是要有一些铺垫事件，心理情景剧的场景一般需要表现的是矛盾的主线，也就是矛盾的核心或者导火线，观众要充分理解心理情景剧所表现的矛盾冲突，仅靠有限的几个故事场景是很难的，因此开场前要交代事件背景，即矛盾背景，包括矛盾的起因、持续时间、引起矛盾的其他附属事件等。

（三）场所背景

任何事件都要在一定的场所发生，比如在家里、电车站、教室里等，观众明确知道故事在什么地方发生，也就能知道故事场景所引申的信息，比如正在上课的教室里班长和数学老师发生冲突，那么观众就知道冲突时很多学生在围观，围观会造成当事人的尴尬等信息。因此，开场前的背景里要明确交代即将展开的故事场景是在什么时间、在什么地点发生的。

二、交代背景的要点

背景如何交代即交代什么内容，这与心理情景剧如何编排有关，要把握的要点如下：

（一）背景是故事场景的补充，即背景要交代故事场景中无法传达的信息，而这部分信息又是理解矛盾冲突所必需的。

（二）故事场景中会引起理解歧义的，要在背景中交代并强调。故事场景中要传达给观众的信息，有时候无法做到明确且清晰，为避免观众的错误理解，需要在背景中进行强调。

（三）故事场景要主线清晰、简单易懂，过于复杂的场景故事不利于观众的消化和理解，因此影响故事主线、理解矛盾冲突所必需的信息要尽可能地放在背景里交代。

（四）背景信息可分开交代，开场前交代过多的背景信息，观众可能无法一次性消化，因此必要时候，可在故事场景交换的间隙加以交代。

总的来说，背景信息如何交代、交代多少，要根据心理情景剧的实际情况去把握，背景信息交代过多或过少，都不利于观众对矛盾冲突的理解。

第二节　故事场景

背景信息交代完毕之后，就要进行故事场景的表演，故事场景是心理情景剧的核心，承担着表现矛盾冲突的重任，也承担着吸引观众入戏的重任。

一、故事场景的内容

心理情景剧中，故事场景是服务于心理矛盾冲突的，故事场景要编演什么内容、传达什么信息都是与要集中展现的矛盾冲突相关的，从这一点出发，故事场景至少应包含以下内容：

（一）矛盾冲突的起因

有果必有因，观众只有充分了解矛盾冲突的起因，才会在矛盾集中展现时，对矛盾冲突有更为充分和直观的理解，矛盾的起因可以用一个或多个场景来表现，起因不明确，观众会对之后矛盾冲突的集中展现感到莫名其妙。

（二）矛盾集中展现

矛盾集中展现是心理情景剧的高潮部分，也是剧中主角（矛盾当事人）情感宣泄的部分，该部分实际上是将心理情景剧要解决的典型心理问题明确地呈现给观众，矛盾的集中展现和情感宣泄都是为了强调矛盾冲突所在，并引起观众的共鸣，加深观众的印象。

（三）矛盾解决方案

心理情景剧的主要目的就是对观众进行心理健康普及教育，并非对个体进行心理治疗，因此必须明确地告诉观众典型心理问题的解决方案，故事场景部分一定要有一个场景是演示如何解决心理矛盾的。

二、故事场景的设置要点

故事场景如何选取、场景数量取多少合适、每个故事场景的长短如何设定？一般应遵循以下要求：

（一）表演的故事结构要完整。心理情景剧是要公开展演的，所以一定要对台下的学生观众有吸引力，因此故事场景的设置要保证故事结构的完整性，故事不完整，观众是没兴趣持续观看的。

（二）故事场景数量不宜过多。心理情景剧原则上取材于学生自身经历或身边的事，学生一般要对剧情有一定的预测能力，故事场景数量多，会使故事变得冗长，除加重学生的表演负担外，还容易使观众失去兴趣。

（三）故事场景要选取能表现矛盾发展的核心情节。在不影响故事连续性的前提下，尽量选取能表现矛盾发展的核心故事情节，如此，才会使心理情景剧紧凑、简洁、高潮不断。

（四）矛盾集中展现部分尽量在一个故事场景里展现。该部分是心理情景剧的高潮部分，如果分在不同故事场景里表现，会降低表现力度，不容易使观众产生心理共鸣。

（五）要有一定的趣味性。心理问题一般是沉重的、枯燥的，在矛盾起因、矛盾发展的故事场景里增添一些趣味性因素，更能吸引观众的注意力，增加心理情景剧的表现力和吸引力。

总之，心理情景剧首先是一个情景剧，它要满足观众的观看需求，在此基础上才能达到进行心理健康普及的目的。因此，在参加表演的学生有足够经验和技巧的情况下，借鉴日常耳熟能详的经典情景剧的表现手法，增加心理情景剧的可观赏性是十分必要的，因为只有在学生有兴趣观看的前提下，教育才能发挥作用。

第四章

心理情景剧的编演步骤及常用技术

心理情景剧用于班级集体生活时，是由学生即兴编导、演出的，其内容和形式比较简单，但用于对学生进行心理健康教育的公开展演时，则要求编导得完整、准备得充分，这是诸多展演形式中要求最高的。本章主要介绍的是用于公开展演的心理情景剧的编演步骤及常用技术。

第一节 心理情景剧的编演步骤

一部心理情景剧是一个系统的工程，一般分为筹备、编导、演出、分享、评价四个阶段，实施主要由专业的心理辅导教师全程组织并提供技术支持，由学生自编、自导、自演。

一、筹备

心理情景剧筹备阶段的主要工作包括组建编导团队和心理题材选择两部分。

（一）组建编导团队

编导团队由心理辅导教师和具备相关专业知识的学生骨干组成，其中心理辅导教师既是团队负责人，又是心理情景剧的总导演，负责组织、领导整个编导团队。

1. 心理辅导教师的重要性

各学校的心理辅导教师基本都具有心理学、社会学的专业背景，是从事学生心理咨询、心理健康教育的专业教师，具备心理辅导的专业技能和理论知识，能敏锐地发现学生存在的心理问题，并提出合理的解决方案。在心理情景剧中，心理辅导教师应充当总导演的角色，在题材选取、剧本编制、解决方案等方面全面把关。

2. 心理辅导教师的具体职责

在全面把握学生心理需求的基础上，选取典型的心理问题作为心理情景剧的题材；组建并领导心理情景剧的编导团队，积极推进心理情景剧的编演工作；帮助学生选取合适的故事载体，设定故事场景、确定角色等；提供心理问题的解决方案；组织学生观看表演；组织对心理情景剧做出评价；等等。

3. 骨干学生的选取

心理辅导教师组建编导团队，选取骨干学生时应首先选择具有一定心理学知识，对探究人心理有兴趣的学生，其次被选取的学生要具备较强的文字功底并具有较强的组织策划能力和表演能力，选择时应以学生自愿为前提。

总的来说，编导团队成员要具备较强的组织策划能力、心理辅导能力、剧本编写能力和表演能力，并具有较高的工作热情和责任意识。形成一个相对固定的团队后，团队内部应形成以老带新的内部循环，这样团队的整体素质会越来越高，剧本编导能力会越来越强。

（二）心理题材的选择

心理题材选择工作主要由心理辅导教师承担，一般可按下列方式选择心理题材：

1. 普遍性选择

心理辅导教师根据多年工作经验，以自己对学生心理动态的把握，自行选择具有典型意义、普遍意义的心理问题。心理情景剧可选择的典型性题材包括：升学适应不良问题，如新生不适应环境、生活自理能力差、自我认知失调等；与学业有关的问题，如考试焦虑、缺乏学习动力、学习习惯差、厌学等；人际交往方面的问题，如同学关系紧张、宿舍关系不和、异性交往不良、难以被他人接纳、亲子关系紧张等；情绪性格问题，如情绪不稳定、消极情绪体验过多、过于内向封闭、性格缺陷等。

2. 针对性选择

确定心理情景剧的受众后，针对受众编制心理问题调查问卷，根据回收的问卷，判断受众群体目前存在的典型心理问题，并从中选择最普遍、亟待解决的心理问题作为心理情景剧的题材。

为便于表演，心理题材应尽量选择情节简单、易于表演、解决方案不复杂、学生熟悉的内容。

二、心理情景剧编导

心理题材确定后，即进入剧本编导程序，编导工作主要由学生自主完成，具体由心理辅导教师指派编导团队中的一个学生作为负责人（执行导演），由其带领整个团队具体实施。心理辅导教师在心理问题解决方案方面提供技术支持，并对剧情、剧本把关。

（一）编导任务传达

1. 心理辅导教师召集编导团队开会，告知编导团队本次心理情景剧的主题，即明确要解决什么类型、哪方面的心理问题，并详细讲解该问题的内在表现和行为特征。

2. 向编导团队讲解处理此类心理问题的技术路线、方法，同时就几种常见故事载体举例说明如何处理该心理问题。

心理辅导教师在讲解上述问题时，若同时和编导团队的学生一起讨论，则更能加深学生对问题的理解，更利于后期编导工作的实施。

（二）剧本创作

1. 在学生负责人（执行导演）的带领下，编导团队的学生一起讨论确定剧情（故事载体），包括故事场景的设定、故事背景、起因、高潮、结尾等各部分的细节。之后，指定辅导团队中的一个人负责完成剧本的编写工作。在编写剧本时，应注意表演的故事情节不能脱离学生的日常学习生活范畴，即要选取学生经历过或熟悉的事情，同时讲述的故事一定要结构完整，一定要有趣味性和吸引力。

2. 剧本雏形完成后，由心理辅导教师组织编导团队开会对剧本及角色进行讨论后定稿。

从目前各学校实际开展的工作来看，在剧本创作环节，尽管心理辅导教师和学生均属外行，所创作的剧本难称完美，但除了可邀请专业人士提出原则性的指导意见外，具体创作过程一般不邀请专业人士介入，这种做法可以极大地调动学生的参与热情、学习热情和成就动机。

（三）确定角色人选

剧本和角色确定后，就要确定角色人选。该工作同样由编导团队的学生自主完成。确定角色人选的原则，一是优先从编导团队中选取，因为编导团队中的学生更能吃透相关角色和剧情；二是表演的热情和欲望为先，对演技并不苛求，毕竟均非专业演员，重要的是热情和态度。若编导团队中的学生不符合剧本角色要求，则采用公开招募的形式，从自愿报名的学生中择优选取。

（四）导演和排练

该环节同样由学生自主完成，其中导演由心理辅导教师指定的学生负责人担任，负责具体安排团队中其他学生承担相应工作。

1. 排练场所、器材等由心理辅导教师负责安排提供，心理辅导教师还需要定期了解排练的进展和成效，协助解决排练中发现的问题，比如更改剧本内容等。

2. 辅导教师在排练中，并不具有权威地位，即指导所有的演员按其希望的效果表演。相反，辅导教师需要根据学生的感受和体会，随时组织学生及演员修改剧本；设计心理冲突情境，帮助学生理解角色，加强情绪的投入，有建设性地去扮演好角色；鼓励学生主动参与表演活动，使辅导活动达到预期的效果。

实际上，排练过程就是一个剧本不断完善的过程，演员在排练中的实际感受一方面可以充实完善剧本，另一方面也加深了自身对角色的理解，增强了表演效果。

三、演出

排练完成后，就进入了正式演出阶段，在正式演出时，为加强心理情景剧的效果，一方面需要根据场景对舞台进行相应的布置，通过设置灯光、调节明暗、摆放道具、选择音乐等手段来烘托氛围，促使观众清楚地了解剧中时空的变换，理解心理情景剧中所揭示的心理问题。另一方面，心理辅导教师要根据心理题材和剧情来选择合适的观众，确保台上的表演为观众所接受和认可，从而达到心理健康教育的效果，同时观众的积极反映也会提高演员的表演热情，进一步强化他们的表演效果。

四、分享

演出结束后，心理辅导教师要及时组织观众分享心得感受，通过这种方式来加深观众对心理情景剧的理解，达到解决学生心理困惑的目的。分享环节在表演结束后立即开始，由心理辅导教师负责。分享环节一般按下列程序进行：

（一）先由心理辅导教师回顾、概括心理情景剧的背景及主要内容。

（二）启发、引导学生就观看的心理情景剧主动提出问题，由其他学生予以讨论和解答。

（三）心理辅导教师结合之前学生的提问和讨论情况，向学生提问，由学生讨论后回答。

（四）根据学生们的讨论结果，心理辅导教师作总结性发言。

总之，在分享阶段，心理辅导教师要把握的原则是，提问和讨论都要紧密围绕心理情景剧中的核心问题，启发、引导学生如何正确认识这一问题并提供有效的解决途径和办法。

五、评价

心理情景剧公开展演后，心理辅导教师还要深入了解演出效果，这样才能明确该心理情景剧的不足之处，如题材是否选择得当、剧情是否为观众所喜爱，更重要的一点是要了解该情景剧是否对观众解决某类心理问题起到了辅导和教育的作用。

那么如何评价演出效果呢？最客观的做法是聘请第三方专业机构做出评价，但作为这种由学生自编自导的无成本演出话剧，聘请第三方评价显然具有实际困难，或者必要性不大。因此，心理情景剧还主要依靠心理辅导教师自身的专业水准和经验来进行评价。

上述是编演一部心理情景剧的基本步骤，原则上是由学生自编、自导、自演，由心理辅导教师负责总的组织策划，并提供技术支持，这相对更适用于初中、高中阶段。在实际工作中，我们可以根据心理情景剧的用途，学生所处年龄阶段等客观因素做出调整，或者简化步骤，或者由心理辅导教师负责编导，或者直接观看其他学校已编排好的成熟剧目等。

第二节　心理情景剧的常用技术

心理情景剧的核心是通过表演的方式，将人物的心理冲突、心理困惑展现给观众。表演本身不是目的，目的是让观众感受到、体验到那种不可言表、无可名状、无法触摸的心理活动。因此，仅靠简单的对话和行为表演很多时候是无法达到这一目的的，需要经常采用一些特别的表演技术来加以实现。这些常用技术有：角色互换、独白、替身、对比、具象化、声光等。

一、角色互换技术

角色互换技术源于角色理论，是心理剧治疗时常用的技术手段。具体是指，心理治疗师让主角（接受治疗者）扮演矛盾关系的对立方，如主角困惑的是父子关系，那么就让他扮演父亲，目的是让主角加深对矛盾对立方的理解，从而能正确审视自己目前的心理矛盾。

角色互换技术的主要作用是创造一个仿真的情感环境，让主角进入矛盾对立方的心里、情感世界中，宣泄的是矛盾对立方的情感。在此过程中，心理治疗师的作用是引导主角从自身现实角色中脱离出来，进入矛盾对立方的精神世界里，将对方的情感宣泄出来。通过角色互换技术，主角会进行自省，会体会到对方生活中的真实感受，才会体验到自己平时无法理解和感受到的对方的情感和心态。

心理剧中的角色互换以治疗为目的，即治疗主角的个人心理问题，但在心理情景剧中，角色互换的含义和目的则有所不同，举例说明如下：

（一）角色互换在剧情发展中才开始

心理情景剧的目的是让观众明白和理解剧中要表达的矛盾冲突和心理变化，因此在剧情发展中才发生角色互换，否则观众无从理解和知晓。如关于亲子关系的心理情景剧中，开始是A演母亲，B演女儿，剧情发展到一定程度时，角色开始互换，即B演母亲，A演女儿，如此，台下观众便能清楚地知道，母亲开始以女儿的角色去体验女儿的感受了。

（二）角色互换的目的是为了彰显角色差异带来的心理和行为差异

心理情景剧在剧情发展中开始的角色互换，是为了表现出角色互换后，角色的不适应心理和行为，很多时候表演会适当夸张，如：母女角色互换后，女儿开始扮演母亲，那么她在教训女儿（之前的母亲）时，会表现出一些心虚、紧张、害怕、无所适从等行为和心理。

总之，心理情景剧中的角色互换技术，是为了让台下观众体验和理解两个方面，一方面是社会生活中处于不同的角色会有不同的行为和心理，另一方面是人需要换位思考，产生矛盾时，应多从对方所处的角度考虑问题。

二、独白技术

所谓独白是指剧中角色通过独自说话的方式表达自己或叙说某方面的事情，是心理情景剧中主角最基本、最常用的表达内心感受和想法的技术。它的目的是准确、直接地向观众表现主角内心的困惑和挣扎，或者说心理情景剧中的主角是在直接用语言向观众表述自己的内心想法，而无须观众通过主角的行为去猜测和琢磨。

（一）独白技术被频繁采用的原因

1. 一般情况下，心理情景剧都不会很长，剧中的故事场景数量也不多，尽管表演的是一个完整的故事，但也仅能表演出一个故事的核心片段，因此，无法向观众传递一个故事的完整、细致信息，如此，观众很难准确地把握主角的内心冲突和想法。因此，剧中采用主角的独白，有助于观众了解故事场景不能传递的故事信息，透彻地理解剧情。

2. 每个人的理解和想法都是不同的，观看同一个心理情景剧，若无主角的独白，观众的理解也会存在一定偏差。而心理情景剧的目的是表现典型的心理问题，给出具体的解决方案，若观众无法准确理解剧中要表现的心理问题，进行心理健康教育的效果将会大打折扣。因此，主角的独白，可以让观众准确无误地理解剧中要表现的心理问题。

3. 从表演的角度看，在舞台、影视剧中，表现人物心理的部分是最难的，另外，心理情景剧中的演员都是在校学生，而非专业或职业演员，在表现人物心理方面很难做到完美准确，因此，独白技术可以最大限度地弥补学生表演能力方面的欠缺。

（二）独白技术的应用方式

独白技术通常的做法是：主角在一些适合进行内心独白的故事场景中，独自用语言表达内心的想法或过往的一些回忆等，比如，面试之前表达自己的紧张、和父母谈话之前告诫自己要克制等。下面是心理情景剧中常用的独白技术的应用方式：

1. 自我交流、探讨。主角在表现选择性困惑时，要表现内心在两种不同想法之间犹豫不决的心理时，可以通过独白技术将两种选择分别说出来，并分析两种选择的利弊，说出自己难以做出选择的原因，表述自己无法在两种选择之间做出决断的苦恼。

2. 自我评价。主角完成一件事情后，可安排主角进行一次独白，即对自己刚发生的行为做出评价及反省。如懊恼，我刚才表现得很差，并分析自己表现差的原因；如兴奋，我刚才的表现是超水平发挥，我太棒了！

3. 隐私倾述。当剧中需要表现主角的一些隐私问题和心理时，为了使剧情符合常理，可以安排主角与自己最钟爱的宠物或偶像等交流，如自己的爱犬（台上的玩具狗），自己的偶像李小龙（台上张贴的大幅剧照）等，如此，是为了在台上制造一个主角自己倾述的机会，目的是让观众在后续剧情发展之前，对主角的内心有一定的了解，从而促进观众对整个剧情的理解和把握。

4. 期望表白。现实中，学生们在遇到无法解决的问题时，或者对老师和家长的处理方式有异议时，总会想，若我是家长或者老师我会怎么处理，即学生会假设自己是一个成熟的、有智慧的成年人，并想象出自己认为合理的解决问题的方式，尽管学生期望的方式未必是正确的，但纠正学生的错误或不合理期望，却是解决学生心理问题的手段之一。因此，心理情景剧中经常会在矛盾集中展现后，给主角一个独白的机会，让主角表白自己期望的问题解决方法。

三、替身技术

替身技术也可以称为影子技术，即主角身后或幕后的另一个人如影随形地通过动作或语言将主角真实的思想和感觉表现出来，或者帮助主角把台上无法充分表达的思想和感觉补充表达出来。

替身技术的目的是尽可能准确、全面地传递主角的内心思想，表达主角潜意识中的思想，帮助观众了解主角言行下隐藏的内心真实想法和感受，从表演的角度就是时刻告诉观众主角的每一处言行下的真实心理状态。通常，在心理情景剧中，替身技术有以下几种使用方法。

（一）幕后替身

采用幕后替身方式时，替身始终处于幕后，如同解说员一般，说出主角某个言行的真实心理。如主角愉快地对妈妈说“我去参加钢琴培训班”时，幕后替身就用悲伤的口吻说：“我真不想去，钢琴老师生病就好了。”主角表演早晨起床动作时，幕后替身难过地说：“周末这么早起来，真是烦透了。”

（二）台上替身

台上替身需要出现在舞台上进行表演，有两种使用方式：

1. 随行替身。在整个情景剧或部分场景中，替身如同主角的影子一般，始终站在主角的身后，用动作或语言解读主角的心理。如主角愉快地帮同学复习功课时，替身在其后面无奈地说：“帮这么笨的人复习，真是倒霉透了。”主角跟老师说“我错了，以后一定改正”时，替身在其背后表现出愤怒的表情，并做出挥拳动作，以此表示主角内心实际上是对老师的决定很愤怒、不服气。

2. 独立替身。即主角退场，由替身单独出现在舞台上表现主角的内心想法和渴望，如陷入矛盾中的主角说：“我认为这事由家长出面跟老师解释，还不如我亲自出面说的好。”这时主角退场，场景切换为替身出现在老师办公室里，跟老师解释和表达自己的想法。

（三）多重替身

在表演中，可以根据心理情景剧所要表现的矛盾冲突安排一个以上的替身，如在主角出现选择性困惑时，可以让主角陷入沉思，背后的两个替身分别代表一个选择，进行争辩或者互相用语言攻击对方的缺点。这种表现形式往往使主角的内心冲突表现得更生动、具体、形象。

替身技术是心理情景剧中表达人物心理矛盾的最有效技术，但是否使用替身技术，要视心理情景剧的具体情况而定，替身使用过多、过频，会增加心理情景剧的整体表演难度，并使剧情不够简洁连贯。因此，在主角的表演能满足心理矛盾表达要求的情况下，应少用或不用替身技术。

四、对比技术

心理情景剧中的对比技术，源于心理剧中的常用治疗手段镜像技术。镜像技术是指，心理治疗师让另一个人扮演被治疗者，尽可能地重现被治疗者在矛盾冲突中的表现，让被治疗者站在矛盾关系之外，重新审视自己的行为，以达到自我反省、自我解决问题的目的。

心理情景剧的目的不是为了对主角进行治疗，是为了对观众进行心理健康普及教育，因此心理情景剧中除了要对矛盾进行集中展现外，还需要向观众提供解决问题的方案，有时候解决方案更适宜通过演示的方式来告知观众。比如，一个主角的错误行为导致矛盾关系的产生，第二个主角的正确行为产生了和谐、融洽的关系，这就形成了对比，即通过对比让观众明确知道，何种行为导致矛盾，何种行为消除了矛盾，这就是心理情景剧中所谓的对比技术。

从对比技术的本质来看，是对镜像技术的升级或者延展。首先，第一个主角的表演，像一面镜子，让有同样心理困惑的观众看到了与自己类似的行为和心理，于是开始重新审视、检讨自己，并意识到矛盾产生的原因及自身的错误。第二个主角的表演，一方面使观众通过对比，更充分、准确地认识自己的错误行为，另一方面使观众能够明确知道什么是正确行为，也就是矛盾的解决方案。对比技术在心理情景剧中的具体应用，根据剧情编排的不同，一般有下列两种方式：

（一）单主角

单主角即在心理情景剧中，始终只有一个主角，这个主角既表演矛盾的集中展现部分，也表演矛盾解决方案部分。如在不尊重同学导致的无法和谐相处的问题时，单一主角剧情发展为不尊重同学的行为，与同学爆发矛盾，关系不和谐导致影响学习，接下来剧情出现转折，主角意识到问题的严重性，开始尊重同学的行为，和谐关系促使学习成绩上升。

（二）双主角

双主角即在心理情景剧中，有两个主角，一个表演错误的行为导致矛盾关系的产生，另一个表演正确的行为产生和谐的关系，即矛盾集中展现与解决方案分别由两个主角表演。如在不尊重同学导致的无法和谐相处的问题时，剧情双线交错并行，一个主角表演不尊重同学，导致与同学矛盾爆发，直至不和谐的关系导致学习成绩下降；另一个主角表演尊重同学，并与同学之间关系融洽，直至和谐的关系使学习成绩上升。表演中两条主线的故事场景交替进行，使剧中性质相同的故事场景始终形成对比，如一个主角表演完不尊重同学的故事场景后，另一个主角就开始表演尊重同学的故事场景。

在实际使用中，采用双主角的对比技术效果更佳，但双主角延长了心理情景剧的演出时间，增加了编演的难度和复杂性，从学生自编自导自演的角度考虑，解决方案比较简单的心理问题采用单主角的对比技术即可，解决方案比较复杂、抽象的心理问题可采用双主角的对比技术，因为采用双主角的对比时，观众的印象会更深刻、更能注意到解决方案的细节。

五、具象化技术

所谓具象化，最基本的含义就是将抽象的东西用具体的物或行为表现出来，如饥饿是一种抽象的描述，但我们可以用口水这个具体东西去表达，或者用一个人四处找食物的行为去表达，即看到一张对着食物流口水的人的照片，我们可以联想到他很饿，看到台上演员表演四处找食物的行为也会联想到他很饿。

根据上述定义，舞台上、影视剧中的任何表演都可以看作具象化技术的运用，现实生活中，我们的多数行为也可以理解为一种具象化行为。如：我去餐馆的行为，可表达我饿这一抽象含义，我在街上闲逛，可以表达闲暇这一抽象含义。同理，心理情景剧着重表达的是心理矛盾、冲突这一抽象概念，因此剧中演员的表演行为本身就是具象化技术的运用，此外，使用静态的物和场景也是具象化技术的具体应用。此处主要论述的是心理情景剧中如何使用具象化技术中静态的物和场景，即静态具象化技术的运用。

在心理情景剧中，静态具象化技术的运用，就是将剧中某一故事场景中的某一瞬间定格，使这一定格的场景在剧中始终以静态的方式呈现给观众，目的是强调这一瞬间场景所表达的抽象含义，通过静态画面持续刺激观众的视觉感官，以强化观众对剧情所表达含义的理解。如：关于亲子问题的心理情景剧，在亲子矛盾激化的场景中，可以将孩子冲父亲怒吼的瞬间定格；在展现父爱无限的场景中，可以将父亲深夜给孩子盖被的瞬间定格。心理情景剧中的静态具象化技术从形式上可以采用屏幕定格和替身定格两种方式。

（一）屏幕定格

目前，视频拍摄和播放器材的运用已很普遍，LED显示屏、大屏幕投影等作为教学设备在部分学校已配备，借助这些设备，就可以在心理情景剧展演过程中，就某个或某几个故事场景捕捉一个有代表性的瞬间画面，然后将捕捉到的画面投射到舞台后方的大屏幕上。这种形式更易于操作，甚至可以多捕捉几个瞬间画面，择优选用，大屏幕显示的画面作为表演进行中的心理情景剧的背景，更能强烈刺激观众的视觉感官。

在实际运用中，要选择有代表性的，与矛盾冲突直接相关的瞬间场景，画面尽量做到视觉效果强烈，最好能略显夸张。但一定要严格控制画面数量，画面过多则无法突出重点，会影响观众的体验和理解。

（二）替身定格

在每一个故事场景结束后，由主角的替身将主角在上一个故事场景中的典型瞬间重新表演出来，并像雕塑一样定格在舞台上，直至心理情景剧结束，所以该技术也称之为雕塑技术。

上述是静态具象化技术在心理情景剧中的两种运用方式，替身定格这一形式往往受演员演技高低、舞台布景质量、定格瞬间数量、舞台空间大小等条件的限制，很少被采用，而屏幕定格因其便利性、实用性、易操作性等特点则被广泛采用。

六、声光技术

声光技术就是在心理情景剧展演过程中，用音乐和光线配合演员的表演，以达到渲染情感、调动气氛的作用。这一点与所有的舞台剧是相同的。心理情景剧中选用恰当的背景音乐和歌曲，并配以恰到好处的光线明暗变化，除能更好表现主角的各种情感外，也能带动观众的情绪随剧情一起发展，深切感受和体验剧中所传递的情感信息。

上述是心理情景剧的一些常用技术，在剧中往往需要交叉配合使用。心理情景剧是舞台表演艺术的一种，为增加观赏性和吸引力，话剧、小品、相声、歌舞剧、魔术等艺术形式的一些表现手法，都可以借鉴并在剧中采用。

第五章
心理情景剧的剧本创作

与其他情景剧、影视剧一样，剧本的创作质量是决定一部心理情景剧成败的关键因素。剧本创作的质量高，要表达的主题就更易理解，表演的故事就更有吸引力，心理矛盾冲突就更加鲜明。同时，高质量的剧本也利于演员表演技巧的发挥。因此，校园心理情景剧的创作核心就是剧本的创作。

从校园心理情景剧的创作实践看，多数情况下，剧本的创作主体是学生，极少数情况下是心理辅导教师，均为非专业人员。因此，为提高剧本质量，校园心理情景剧创作一般都是一个开放性的、群策群力的过程，而非像专业情景剧、影视剧一样，由某个有经验的专业人员独立选材、独立创作。

第一节　剧本创作形式

如前所述，校园心理情景剧的创作主体是心理辅导教师或者学生，是否以学生为主体进行创作，由心理辅导教师根据所选心理题材的难度、学生的年龄、能力、时间等来决定。一般来说，校园心理情景剧主要反映学生中的常见心理问题，表演的是学生身边的常见事例，因此原则上应尽量以学生为主体来完成剧本的创作。

一、以心理辅导教师为主体进行创作

心理辅导教师在选定题材后，若考虑到该题材的剧本创作难度较大，或者在综合考虑组建的学生编导团队的写作水平、心理学知识、课余时间多寡等因素后，决定以心理辅导教师为主体完成剧本创作，一般按下列过程进行。

（一）剧本初创

心理辅导教师根据对本校学生常见心理问题的把握确定心理题材，完成剧本的初步创作。该阶段的剧本主要完成三方面内容：一是心理问题的题材，如网络成瘾问题；二是故事载体，即心理情景剧要讲述和表演的故事，如选取在网吧夜不归宿导致错过期末考试的故事；三是解决心理问题的办法，如采用参加竞技性体育运动的方式戒除网瘾。该阶段为剧本的雏形，仅明确了心理情景剧的三个核心问题，即要讲什么故事、要解决什么问题、如何解决问题。

（二）初稿征求意见

心理辅导教师完成剧本的初稿后，要在特定的学生群体内讲解剧本的创作要点，并说明需要学生从哪些方面提出意见及如何提出意见。

1. 确定征求意见的学生群体

该群体一般是学校内由心理辅导教师组建的学生编导团队，或心理辅导教师掌握的校内爱好心理学的学生群体，剧本初稿一般针对该学生群体征求意见。

2. 讲解

心理辅导教师将欲征求意见的学生群体召集起来，讲解剧本初稿的创作要点，包括本次心理情景剧要解决哪方面的心理问题、初创剧本的故事梗概及解决该心理问题的常用方法等。

3. 征求意见

心理辅导教师要求学生在理解剧本初稿后，针对故事载体、解决问题的方法等提出意见，包括：（1）故事是否吸引人、是否老套；（2）就既定的心理题材，以学生身边常见事例为原则，让学生提出他们认为更好的故事，更佳的解决问题方案，如在戒除网瘾问题上，学生若认为在网吧夜不归宿太老套，可以改为同宿舍同学之间不面对面直接交流，而通过微信交流的故事等等。

意见反馈可采用两种方式，一是在现场讨论后，由心理辅导教师记录学生现场所提意见并汇总。二是剧本初稿复印后分发给学生，由学生在限定时间内书面反馈意见。

（三）确定剧本核心三要素

根据学生提出的意见，心理辅导教师经过对比考虑后，确定心理问题题材、故事载体和解决问题方案三个基本要素，即确定心理情景剧要表现的典型心理问题、要讲述的故事、心理问题的解决方案。

心理情景剧原则上要表现学生常见的心理问题，讲述学生身边的常见故事。因此从便于学生理解和接受的角度考虑，应尽可能选取学生喜欢的故事载体，选择学生更能接受的心理问题解决方案。

（四）剧本完善

在剧本的核心三要素确定后，心理辅导教师即从剧情结构、故事场景编排、矛盾集中展现、心理问题解决方案、心理情景剧技术运用、角色安排等方面充实和完善剧本，使剧本达到可以排练的程度。

一般来说，剧本编辑是需要一定的专业知识为基础的，其中语言组织、场景编排、技术运用等也是需要一定的经验和技巧的，因此，该环节可适当寻求专业人士的帮助，或参考成型的范本。

（五）剧本定稿

剧本完善后，心理辅导教师往往需要试排练几次，目的是通过几次完整的试排练，发现剧本创作中存在的问题，主要是对一些不适合演出的语言和动作做出调整。因为有些语言和动作更适合用文字去表达，但通过演员说出来或者表演出来却未必能达到预期效果，或者有些动作和表情表演难度太大，不适合学生这种非专业演员去表演。发现一些语言和动作不适合表演后，心理辅导教师就需要重新调整、删除或者换成更适合表演的语言和动作。试排练后，心理辅导教师对剧本做出最后调整，完成剧本的定稿工作。

二、以学生为主体进行创作

心理辅导教师向学生编导团队交代心理情景剧的题材后，由学生编导团队负责完成剧本的创作，直至剧本定稿。在剧本创作的过程中，心理辅导教师起监督、把关的作用。

（一）剧本创作小组的组建

剧本创作小组的人选应优先从校学生编导团队中挑选，从实践中看，小组成员以三人为宜。三名组员最好分别擅长或爱好文学创作、心理学知识、戏剧表演，一般是以爱好文学创作的学生作为组长，小组中的争议事项，由组长最终做出决定。

剧本创作小组组建完后，以剧本创作小组为核心进行剧本创作，校学生编导团队成员作为辅助力量，负责提供素材、提出建议等。

（二）剧本创作

因心理情景剧承担公开展演并对学生进行心理健康普及教育的任务，且学生的文学创作、心理学知识功底不是很高，以学生为主体进行剧本创作时，为保证创作质量达到一定水准，需要严格按一定的创作程序进行，严格按程序进行剧本创作的目的是群策群力，用群体智慧弥补剧本创作小组的能力不足。

1. 创作前研讨

剧本创作小组在开始剧本编写工作之前，由心理辅导教师召集剧本创作小组、校学生编导团队和学生心理技术爱好者召开讨论会。

（1）首先由心理辅导教师交代创作任务，即交代心理情景剧要解决的典型心理问题，并讲解该典型心理问题的通常解决方法和思路。

（2）讨论该典型心理问题最适合的故事载体、解决方法，即由学生讨论心理情景剧讲述什么故事最典型且更有趣、更能吸引学生，对该典型心理问题，学生更能接受何种处理方案。

在讨论过程中，心理辅导教师的主要作用是，在诸多意见中否定不合理的心理问题解决方案，剔除有不良影响或不适合公开展演的故事。讨论未必需要一个大家都能达成一致的结果，在出现多种意见的情况下，最终所采用的故事载体和心理解决方案由剧本创作小组自主决定。

2. 剧本初稿

在心理辅导教师规定的期限内，剧本创作小组完成剧本的创作，该阶段的初稿应是完整的剧本，至少也应是创作小组认为的完整剧本。

3. 剧本修改

初稿完成后，交给心理辅导教师审阅并提出修改意见，剧本创作小组根据心理辅导教师意见进行修改。

4. 创作中研讨

剧本创作小组根据心理辅导教师意见修改后，由心理辅导教师召集剧本创作小组、校学生编导团队、校擅长文学创作或表演的教师召开第二次讨论会。本次会议的讨论内容限于故事结构、故事场景编排、舞台表现技术、舞台语言和动作等方面。心理题材、故事载体、心理问题解决方案这三个核心要素不在讨论之列。本次讨论中，心理辅导教师只起会议召集、现场主持、引导学生发言的作用，其中，舞台语言和动作主要听取学生们的意见。

5. 剧本定稿

剧本创作小组根据第二次讨论意见，对剧本初稿进行完善，再经心理辅导教师修改后，由剧本创作小组定稿。

上述是两种心理情景剧剧本创作的方式，两者尽管创作的主体不同，但两种方式却有共同的特点，一是都尽可能地让学生参与，尽可能地听取学生的意见，毕竟讲述的是学生身边的事，解决的是学生身边经常发生的心理问题，学生自身才更了解学生喜欢什么故事，喜欢什么解决方案；二是都具有开放性，即两种方式都可以在排练中不断修改完善。

第二节　剧本创作的基本要求

校园心理情景剧的受众是在校中小学生，展演的目的是对学生进行心理健康普及教育。基于此特点，校园心理情景剧在心理题材的选择和剧本编写时还是有其独特要求的。

一、心理题材的选择

校园心理情景剧的目的是对中小学生普遍存在的心理问题进行普及教育，因此，作为校园心理情景剧组织策划者的心理辅导教师，需要了解和掌握本校学生普遍存在的心理问题，这方面，各校的心理辅导教师都具有非常丰富的心理健康教育工作经验，能准确把握。就业界共识来看，目前中小学生普遍存在或潜在的心理问题如下：

（一）新生的适应问题

1. 环境不适应。新生入学后，面对新的老师、新的同学、新的校园和新的管理方式，需要一定的时间去适应，在适应期间就会产生焦虑、不安等心理问题。

2. 自我认知失调。入学后，新生需要重新认识和界定自己在新群体中的位置，并调整自己的发展目标，若无法正确认知自己在新群体中的位置，就会茫然无措、无所适从。

（二）学习问题

这是最典型最普遍的学生心理问题，包括上课注意力无法集中、考试前焦虑、无法找到正确的学习方法或者学习动力缺乏、网络成瘾等，更有甚者会产生厌学症状。

（三）人际交往问题

人际交往障碍是指在与同学或同龄人之间的交往上存在问题，这类问题的表现近年来呈明显上升趋势，这一点与家庭架构有关，也与电子产品的日益丰富有关系。具体表现为与同学之间无法和谐相处、无法与异性正常交往、惧怕与外人交流、缺乏正常的人际交往常识和技巧、总是被同学排斥等。

（四）个性问题

个性问题主要表现为性格缺陷，如总是保持消极的情绪且过于悲观，对他人极端不信任，或性格过于内向，拒绝或者恐惧与同龄人交流，或者情绪不稳定、喜怒无常，无法控制自己的情绪等。

（五）自杀倾向

这一问题近年来在中小学也时有发生，不乏个案。引起自杀的原因很复杂，包括家庭原因，如父母离异、家庭经济困难等；性格缺陷原因，如性格极端自闭，导致被群体排斥等；无法正确对待老师、家长的批评等；还有异性交往中出现的问题，如失恋等。无论什么原因导致的自杀倾向，都可归于一点，即无法正确理解生命的意义和重要性。

（六）其他方面

1.青春期问题。包括无法正确处理对异性的爱慕，无法控制和引导自身的性困惑，无法正确对待自己对年轻异性老师的情感等。

2.校园暴力问题。对可能发生的校园暴力不知道如何规避、如何处理，导致恐惧上学，或总处于惶恐不安的精神状态中而影响学习。

3.虚荣心问题。在学习成绩、物质等方面，无法控制自己的攀比心理，盲目或不择手段地攀比导致心理失衡，并产生一系列不良后果。

4.亲子关系处理。无法正确处理和对待父母的期望和批评，产生对抗心理，甚至自我堕落。

上述是中小学生普遍存在或潜在的心理问题，心理辅导教师在进行心理题材选择时，未必局限于上述问题，要根据自己掌握的本校学生存在的心理问题情况有针对性地进行选择，做到有的放矢。

二、故事载体的选择

心理情景剧的故事载体，就是剧本的素材，故事载体即素材的选择与心理主体是密切相关的，心理题材确定后，剧本的素材范围也就确定了。

关于故事载体或素材的选择途径一般有两种：一是负责编写剧本的学生，根据自己所了解、知道的身边事来编写，或者学生根据报纸、网络报道的事例进行改编。二是心理辅导教师提供素材，因为工作性质原因，心理辅导教师手里有大量的案例可供学生参考。无论从何种途径得到的素材，都要进行适当的改编，尤其要隐去相关当事人的真实姓名。故事载体的选择一般有下列要求：

（一）主题鲜明

故事载体或者剧本素材一般有两种方式来反映要表达的心理主题，一是正面反映，如表现虚荣心问题的心理情景剧中，故事始终在讲述一个人爱好虚荣的种种负面行为，并最终导致恶果；二是侧面反映，如表现虚荣心问题的心理情景剧中，故事始终在讲述一个人不攀比，以平常心对待物质诱惑的故事。

校园心理情景剧的观众是学生，学生因年龄、知识面、人生阅历等客观因素限制，对一个故事表达的主题、隐含的意义未必能全面、正确地理解。因此剧本编写时采用的故事载体无论是正面反映还是侧面反映，都要鲜明、直接，使观众能一看就懂，而不需要观众通过推理、引申后才能明白要表达的心理主题。

（二）故事要完整

故事要完整，即剧本编写时，对故事发生的时间、地点、人物关系、故事的来龙去脉、结果、矛盾的起因等要交代清楚，除增加心理情景剧的观赏性外，更重要的一点是便于观众对故事的理解，能更清楚地明白故事要表达的心理主题，以达到进行心理健康普及教育的目的。

（三）故事要取材于学生的日常生活

以学生身边常见事例作为剧本的素材，观众会感同身受，理解深刻，更容易达到心理健康教育的效果。除此之外，学生在编写剧本时会得心应手，剧本中的语言组织和动作安排会更真实，更符合生活现实。同时，学生演员在舞台上表演时，更容易做到自然流畅，更利于演技的发挥。

三、剧本的基本结构

心理情景剧的剧本结构从内容上分两部分，按次序分别是背景、故事场景。

（一）背景

背景是剧本的开头部分，是首先要交代的内容，包括故事梗概及出场人物介绍两部分，通过剧本的背景，要能了解故事的大概内容、主角是谁、出场人物等重要信息。

1. 故事梗概

该部分用简洁的语言对心理情景剧要讲述的故事做一个整体介绍，介绍的内容以主角为主线，不需要太长和太复杂。故事梗概的要点是要说明主角的心理变化，如之前心理状态如何，经过某件事后，心理状态又变为如何。

2. 人物简介

说明剧中每一个出场人物的姓名及所扮演的角色，一般主角在前，配角在后。其中，剧中重要角色要用简洁的语言介绍人物的个性特点及其与主角的关系。

（二）故事场景

故事场景是剧本的核心部分，每个故事场景为一幕，在剧本中每一幕都要按事件的逻辑顺序标注出场人物的语言和动作，并适当加注旁白或动作解释。具体要求为：

1. 幕的次序，如第一幕、第二幕。

2. 每一幕所需的时间，即标注完成这一幕所需的时间。

3. 出场人物，说明在这一幕中出场的每个人物的姓名、身份（扮演的角色）。

4. 时间、地点，标注这一幕的场景在什么地方、什么时间发生，如晚上10点、男生宿舍。

5. 人物的语言和动作，详细而准确地描述每个人物在这一幕中的语言和行为动作，如张三得意地大笑，并将一个手机随手扔在下铺李四的床上。

上述为剧本内容的基本组成结构，在剧本的实际创作中，编剧要根据所采用的舞台表现技术，在剧本中增加更多的提示性内容，如张三僵在课桌前，两眼无助地望着黑板，眼泪无声地流下（动作结束，悲伤的背景音乐响起，音乐直至本幕结束后停止）。

四、剧本的创作要求

从剧本创作的角度看，校园心理情景剧的创作要求和其他常见情景剧的创作要求是一样的，都是将一个故事浓缩或精简为有限的几个故事场景，通过台上演员的语言、表情、肢体动作来表达情感和内心世界，核心是通过情景画面的现场感、视觉冲击力来感染观众，让观众走进台上人物的内心世界。但校园心理情景剧作为校园独有的剧种，与一般情景剧最大的不同在于三点：一是编、导、演的主体均以学生为主，二是观众为特定年龄阶段的学生，三是主要目的为表现心理矛盾进行心理普及教育。基于这三个特点，校园心理情景剧在剧本创作时有一些独特的要求。

（一）主题要单一

简单地说就是一剧一主题，剧中表现的心理主题或者揭示的心理问题不能超出一个，否则既不利于学生观众的理解，又增加了剧本创作的难度，同时也加大了表演的难度。

（二）心理矛盾是表现重点

校园心理情景剧的最终目的是进行心理健康教育，基于这一点，剧本创作的重点就是刻画和表现人物心理的纠结、困惑，要让观众深刻体会剧中人物的心理变化过程，如此才能达到进行心理健康教育的目的。

（三）故事不宜详尽展开

心理情景剧的表现手法是以故事为背景，用故事场景塑造出数个故事画面，通过故事画面的视觉冲击力来刻画人物、表现人物心理。故事情节设置的目的是烘托故事中的人物心理矛盾，若情节展开得很详尽，观众会专心于情节的欣赏，削弱故事场景对人物心理的表现和刻画。因此，在剧本创作时，不宜过于详尽地展开故事。

（四）人物对白要少

心理情景剧也是舞台剧，着重于人物的肢体动作、面部表情的现场感和视觉冲击，台上人物的对白数量要适当，起到画龙点睛的作用即可，对白越少，观众越专注于人物的动作和表情，画面感和视觉冲击就越强。因对白过少而造成的故事情节理解缺陷，可以通过增加旁白的方式来弥补，即剧本创作人员应尽可能的利用旁白弥补对白的不足，让旁白充分发挥衔接、解释的作用。

（五）演员不宜过多

出场演员过多，会使台上人物关系复杂，不利于观众的理解，同时也增加了导演、组织者的负担。更重要的是，过多的出场人物对主角表现内心矛盾没有帮助，反而分散了观众的注意力。

（六）故事主线要简单且突出

心理情景剧的创作重点是表现主角的心理矛盾、剖析主角的心路变化历程，因此，故事场景主要围绕这一重点展开，故事的枝节尽量不要在台上展开，越少越好，枝节过多既削弱了主角的表现力，又增加了观众的理解负担。

（七）重视舞台表现技术的运用

刻画主角心理、表现主角的心理矛盾是心理情景剧的核心，从表演的角度看这是最难的。因此，剧本创作时要重视舞台表现技术的运用，如对比技术、具象化技术、替身技术等，这些技术不但能弥补演员表演技术的不足，还能使主角的矛盾心理得到最大限度的表现。

（八）重视喜剧性

所谓喜剧性，就是表演要适当夸张一些，对白要适当诙谐幽默一点，如此既能增强舞台表现力，又能增加表演的吸引力。

总的来说，剧本是心理情景剧成败的核心，剧本创作是一个艺术性、技术性、经验性相结合的工作，需要创作者不断丰富自己的知识，不断积累经验，才能创作出优秀的剧本。

第六章

心理情景剧的评价

从近些年相关专家学者对校园心理情景剧的评价来看，心理情景剧存在的问题主要有四点：一是缺乏心理学深度，即对心理问题的剖析和解决仅停留在浅显层面上，深度和科学性较低；二是剧本创作水平不高，观赏性不足；三是娱乐有余，教育不足；四是题材雷同，情节老套。从这四点问题可以看出，专家学者对心理情景剧进行评价的标准为：心理问题解决方案要严谨且有科学深度，剧本创作和演出的质量要高，题材要新颖，教育效果要显著。若按此标准进行评价，以学生自编自导自演为主的心理情景剧显然难以达标。

我们认为，心理情景剧作为学生喜欢的一种新兴的心理健康普及教育模式，其进行心理知识宣传和普及的意义更重于有效治疗。或者说，引导和吸引学生认识心理健康问题的重要性，并使学生不避谈心理问题甚至能主动审视自身潜在的心理问题，才是校园心理情景剧的最终目的。因此，从心理辅导教师工作的角度看，评价一部心理情景剧，重点是了解学生是否理解了剧中要表现的心理问题，是否意识到及时解决这种心理问题的重要性，演出是否具有吸引力，以这三个标准进行评价，尽管标准不高，但对目前校园心理情景剧的发展水平和使用目的来说，更具有现实意义。进一步说，对心理情景剧的评价可通过剧后分享及调查问卷两个途径进行。

一、通过分享环节进行评价

心理情景剧演出结束后的分享阶段，主要目的是通过与观众的互动，以互相提问的方式启发、引导观众去理解剧中要表现的心理问题及心理问题的解决方案。

在分享环节，观众回答问题及所提问题的数量、质量，均可以作为评价观众对剧中表现心理问题理解程度的一个参考。主动回答问题的学生数量和提出问题的学生数量可以作为判断表演是否有吸引力的参考，实际操作中，可以按下列方式进行评价：

（一）心理辅导教师预先准备一定数量的问题以备在分享阶段提问，问题围绕考察观众是否理解剧中所表现的心理问题进行设计，但问题的数量不宜过多。

（二）根据观众的人数，每个问题现场各随机选取一定比例的观众回答。如第一个问题，每排座位的第三个观众均要做出回答，由心理教师记录答案及合格观众的数量。

（三）观众提问环节，在观众主动发问结束后，要求一定比例的观众提出问题。如每排座位的第二个同学均要提问，心理辅导教师记录提问质量及合格的学生数量。

总的来说，在分享环节对心理情景剧做出评价，采用的是以点带面的方式，主要由心理辅导教师根据现场的气氛、观众的参与程度、回答问题质量等情况，做出综合评价。如若几个学生都对某个问题理解错误，那么心理辅导教师就可以判断出剧中某个场景的表演不利于观众理解，容易产生歧义。

二、通过问卷调查进行评价

分享环节受时间、问题数量等因素限制，评价无法涵盖全部观众，问卷调查则可弥补这一缺点，调查结果也相对更具有说服力。

（一）调查问卷设计

调查问卷由心理辅导教师进行设计，问题主要围绕是否理解剧中所表现的心理主题、是否意识到该类心理问题很重要、表演是否有吸引力三个评价项目进行设计，每个项目设计的题目数量不宜过多，也不要与分享环节的题目相同。问题回答方式以判断和选择为主，应采用匿名回答的方式。

（二）调查问卷的发放和回收

1. 现场发放并回收

在分享环节结束后立即发放问卷并现场回收，此时间点进行问卷调查的优点是回收率高、操作简便，缺点是观众没有时间对剧情进行消化，观众是依靠第一时间的感受和理解来回答问题的。

该时间点的调查结果在评价表演是否简洁易懂、主题是否鲜明、剧情是否有吸引力方面更有说服力，但在评价观众是否真的理解剧中所表现的心理问题方面说服力并不强。

2. 后期发放并回收

演出结束后过一段时间再发放并回收问卷，此时间点进行问卷调查回收率不高、操作复杂，但在演出结束已过一段时间的情况下，观众有足够的时间对剧情进行消化和反思，部分观众之间已经进行讨论交流，因此，对剧情及主题的理解会更深刻全面。

后期发放调查问卷的做法，在评价观众是否真的理解剧中所表现的心理主题方面更具说服力。

上述两种问卷发放方式各有利弊，一般来说，在心理情景剧所表现的主题不难懂的情况下，优先选择现场发放问卷的方式。在实际操作中，具体采取何种方式，可由心理辅导教师从有利于工作的角度自行选择。

三、综合评价

问卷调查结果统计完毕后，由心理辅导教师结合分享阶段的评价结果，对心理情景剧的效果做出综合评价。实际上这种评价很难有一个客观、科学、准确的评价标准，主要是根据心理辅导教师的专业水准、工作经验去把握和衡量，其目的是让心理辅导教师通过评价来了解不足，在后续的剧目编演中指导学生进行有针对性地改进。

第七章

小学心理情景剧

一、美美的心事

（一）背景

美美是个学习成绩优异、多才多艺的女孩子。她能歌善舞，参加各种竞赛都能获奖，为班级、学校争了不少光，可她渐渐地骄傲起来。新学期来了一位品学兼优的学生当当，她深得同学们的崇拜和喜欢。美美暗生忌妒之心，在一次英语口语竞赛中，由于美美不肯和当当团结协作，单独作战，结果落选了。美美从这次失败中吸取了教训，开始改变自己。

主角：美美

辅角：老师、当当、乐乐等同学5名

（二）故事场景

旁白：美美是个学习成绩优异、多才多艺的女孩子。她能歌善舞，参加各种竞赛都能获奖，为班级、学校争了不少光，老师喜欢她，同学们崇拜她，可她渐渐地……

第一幕　独占鳌头

（时间：课堂上课时；地点：教室内）

老师：今天，我要宣布一个好消息，我们班的美美参加区作文竞赛获得了一等奖，希望大家以她为学习榜样，让我们对她表示热烈地祝贺！

（美美上台领奖，一副骄傲的样子。同学们都夸美美……老师宣布下课，同学们一窝蜂地拥向美美，想看看她的奖状）

美美（骄傲地）：那就让你们瞧瞧！不过可别把我的奖状弄脏了。

一同学（捧书上）：美美，这道数学题怎么算？

美美：去去去！那么简单的题，还用我教？

（同学们都无趣地走开了）

第二幕　棋逢对手

（时间：新学期开学；地点：教室内）

旁白：新学期开学了，班上转来了一位新同学，从此美美的心理开始悄悄地发生了变化……

老师：今天，我要向大家介绍一位新同学。她来自祖国首都北京，是一位品学兼优的好学生，希望同学们和她成为好朋友，向她学习，让我们欢迎新同学当当！

（同学们热烈鼓掌）

当当（谦虚地）：谢谢大家！我愿意成为大家的好朋友。

同学甲（热情地）：当当，和我一起坐吧！

美美（不屑一顾地）：不过是北京来的，有什么了不起！

老师：好了，同学们都准备好，要开始上课了。但在课前，我们先来复习一下上节课的内容。（老师在黑板上写了一个方程式）有哪位同学愿意到讲台上写出这道题的答案呢？

当当（举手）：老师，我来试一下。（当当走上讲台，又快又好地把答案写在了黑板上。同学们不约而同地发出了赞叹声，而美美却表现出一副不屑的样子。下课后，同学们拥向当当，向她介绍自己）

美美（有受冷落的感觉）：不过是北京来的，没什么了不起！

第三幕　明争暗斗

（时间：放学后；地点：教室外面）

旁白：开学一段时间后，各个学科都进行了考试，美美和当当旗鼓相当，不是美美第一，就是当当第一，美美总是很不服气。当当不但学习成绩优秀，而且总是乐于帮助同学，同学们都喜欢围着当当，美美更是怒火中烧。这一天，老师在课堂上宣布美美、当当和乐乐要参加区英语口语竞赛，希望他们互相学习，发挥协作精神，为班级和学校争光。

当当（热情地）：美美、乐乐，来我家吧！我们三个人一起把英语口语练一练。

乐乐（也热情地）：好啊，美美一起去吧！

美美（不屑一顾地）：我没空，你们去吧！

当当、乐乐：那我们先走了，再见！

美美（在背后嘀咕）：我才没那么傻跟你们去呢！（说着从书包里拿出一本英语奥赛书）妈妈为我买了这么好的一本书，不能让当当知道，这次我一定要胜过她。

第四幕　懊悔反思

（时间：放学后；地点：老师办公室）

旁白：英语口语竞赛结束了，出乎意料，美美落榜了，而当当获得了一等奖，乐乐获得了三等奖。美美感到很失落，伤心极了。

老师（和蔼地摸着美美的头）：美美，现在心里不好受吧？没关系，失败是成功之母，老师相信你以后一定会取得好成绩的。但是美美，你知道为什么这次没取得好成绩吗？（美美一脸懊丧，摇了摇头）

老师（语重心长地）：美美啊，好好想想，你从什么时候开始变得这么不开心了？

（美美轻轻摇了摇头）

老师：是不是从当当来了之后？

（美美抬头看了看老师，轻轻摇了摇头，又马上肯定地点了点头）

老师：那能不能告诉老师，为什么当当来了以后，你就变得不开心了呢？

美美：因为……（犹豫了一会儿）以前班上的学习榜样、同学们崇拜的人明明都是我，但她来了以后，一切都变了……（声音中略带抽泣）她把我的东西抢走了……

【注】下面运用的是心理情景剧中的角色互换技术，具体是指让主角扮演矛盾关系的对立方，目的是让主角加深对矛盾对立方的理解，体会到对方生活中的真实感受，从而能正确审视自己目前的心理矛盾。

老师（温柔地）：来，美美。我们先暂时忘掉这些烦恼，一起来玩个游戏好不好？

美美：游戏？什么游戏？

老师：规则是这样的，在接下来的15分钟里，我是美美，而你是当当。假设我们正在一起写家庭作业，有不会写的题目我们可以一起讨论，共同完成作业，好吗？

美美（有些犹豫地看着老师）：……好吧。（老师选了两道较难的数学题，一道给了美美，另一道给了自己。10分钟过去了，老师早已写完，而美美还在冥思苦想）

美美：老师……（突然意识到说错了）哦不，美美，这道题好难呀，到底该怎么写呢？（老师看了一眼美美，没有说话，继续做自己的事情）

美美（有些奇怪地看着老师）：……美美，能教我一下吗？我可真不知道这题该怎么做呀。

老师（骄傲地说）：你不是很聪明、很优秀吗？怎么连这么简单的题目都不会做？堂堂一等奖让我这个落榜的来教，可不太好吧？

美美：可是我们不是都说好了要一起讨论，一起把作业写完吗？

老师：我为什么要和你讨论？你看，我可是凭自己的本领就把这道题给做出来了，你怎么就不能呢？

美美：可是……美美，同学之间不就应该相互……帮……助吗？（说到这里，美美的声音越来越小了，目光也移到了地板上。同时，老师也恢复了之前的神情，深深地凝视着美美）

老师：美美，现在你知道了吗？你的不足之处和不开心的原因是什么？

（美美默默地点了点头）

老师：孔子说："三人行，必有我师。"你应该善于向同学学习优点，这样才能让自己强大起来。当当她不但学习好，而且一点儿也不骄傲，经常和同学们一起学习。你看她，越来越优秀了。像这次在竞赛中取得的好成绩，就是她和乐乐互相帮助的结果。你说呢？

美美（带着哭腔）：老师，我错了！

老师：记住，"只懂得欣赏自己脚印的人，就只能在原地绕圈"啊！

美美（轻声地）：老师，我懂了。

老师：从哪里跌倒就从哪里爬起来，老师相信你！你看，谁来了？

（美美转头，看到当当和乐乐在向她招手。她不好意思地笑着向他们走去）

旁白：从那以后，美美痛改前非，乐于助人，成为了一个品学兼优的好学生。

（剧终）

分享：

老师：看完了这出心理情景剧，大家都有什么想法啊？我们可以先请演美美的同学来谈一谈。

美美：我扮演的美美是个非常任性的同学，她一直认为自己很优秀，有骄傲的资本。在面对同样优秀的当当时，她从一开始没把当当放在眼里，还对当当产生了忌妒之心。在进行角色扮演后，她意识到自己的行为是多么的不合适！我的感受是，平时不能对自己的优秀表现骄傲自满，在面对同样优秀、甚至比自己更优秀的同学时，要保持谦虚学习的态度，万万不能有忌妒的心理。

观众1：我觉得几乎每一个人都会有忌妒之心，如何正确处理、对待自己的忌妒心是我们每个人要慎重考虑的事情。

老师：你说得没错。如果一个人不能处理好自己的忌妒心理，那么他就会变得对周围的一切熟视无睹，时而阴沉，时而急躁。但如果通过正确的方式矫正了自己的思想，那么这一段经历对于同学们来说，是极有学习价值的。

观众2：在观看美美表演的过程中，我给自己也敲响了警钟。我知道了忌妒心带来的危害有多么大。如果哪一天，我也出现了忌妒心理，我知道该怎样正确处理它，让它无法伤害到我，反而给我带来帮助。

老师：看来大家都从这次的心理情景剧中获得了一定的启示。那么最后，我再送给大家一句古话："满招损，谦受益。"在接下来的学习生活中，我们一定要时刻记住用平和谦虚的态度对待自己的成绩和身边的同学。只有这样，我们才能不断取得进步，让自我更加地完善。谢谢大家的配合！

【本剧本参考高思刚，《中小学校园心理剧》，福建教育出版社，2008，并在此基础上进行了补充和完善。】

二、贺卡风波

（一）背景

母亲和儿子为了"六一"写贺卡的事发生了冲突。母亲认为节日写贺卡是严重影响学习的事情，不允许儿子彬彬做，而儿子却认为这没什么。就在二人的争执和拉扯中，贺卡被撕坏了。固执的母亲以家长的威严坚持己见，并强迫儿子继续学习，不得再摆弄贺卡，这引起了儿子的愤怒。是否应该宣泄此时心中的愤怒情绪呢？

主角：彬彬

辅角：彬彬母亲、顾一凡、售货员

（二）故事场景

第一幕　母子冲突

旁白：彬彬是一个小学六年级的孩子，平日里爱玩爱闹，和同学关系融洽，人缘很好。这是一个星期六的早晨，彬彬正忙着给同学写六一儿童节的贺卡。

彬彬（边写边说）：沈天，祝你“六一”快乐，我们铁哥们儿友谊永存……蒋乐，祝你越长越白，越长越帅！呵呵！（掩嘴而笑）

母亲（端着杯牛奶推门进来）：彬彬，来，喝牛奶……彬彬，彬彬！

（彬彬慌忙将桌子里的书和纸拿上来压住贺卡）

母亲：彬彬！我刚才一直叫你呢，怎么不答应妈妈啊？你在干什么？

彬彬（吞吞吐吐）：呃……呃……没……没干什么。我……我正在做作业呢！

母亲（用怀疑的表情看着书没遮住的贺卡一角）：噢？（用力抽出书下的贺卡，很生气地问）这是什么？这也是作业吗？

彬彬（赶忙起身解释）：妈妈，是这样的，六一儿童节快到了，我们同学都在互相赠送贺卡表达心意，所以……我也想写两张给我的好朋友。

母亲（连忙打断，生气地）：哼！我问你，你现在是几年级了？

彬彬（满不在乎）：我……我六年级啊，快升初中了。这又怎么样？

母亲：哼，还知道自己六年级了，那你哪里还有什么时间搞这些贺卡？你看看你们班的沈琳、许小芩，还有那个唐什么什么的？

彬彬：哎呀，你真笨，是唐飞！

母亲：对！就是唐飞，他们多出色，功课好得不得了！这是怎么来的？写贺卡写出来的吗？不都是认真读书读出来的嘛！我看呀，他们的家长来学校都是喜笑颜开，就你这德行，不争气！（恨铁不成钢地用手指戳了一下儿子的头）

彬彬（不服气）：他们怎么了？哼，都是读书傻瓜！你懂什么呀！快把贺卡还给我！（用力夺贺卡）

母亲（愤怒了）：什么？你说我不懂！（猛地扯住那张贺卡，结果贺卡在两人争夺中被撕坏了）

彬彬（呆住了，看着坏了的贺卡气急败坏地）：你……你……太过分了！！！怎么把我的贺卡撕了？（一边大叫一边推母亲）你赔我贺卡！赔我贺卡！

母亲：你不得了了啊？（生气地边说边撕）我撕，我撕了又怎么样？（索性把卡撕得更碎，并拿起手提袋，厉声道）你给我在家好好待着，我现在出去买点东西。你好好看书复习！要是回来看见你还在摆弄这些东西，我就接着撕！（下场）

彬彬（气到极点）：气死我了！气死我了！（手捶桌子）

第二幕　不同的宣泄方式

【注】以下部分运用的是心理情景剧中的对比技术，即通过主角不同行为方式的对比让观众明确地知道，何种行为导致矛盾，何种行为消除矛盾。

旁白：短剧的两个不同结局，好坏自在其中。究竟应不应该宣泄愤怒的情绪呢？应该怎样宣泄？请大家仔细去体会。先请看结局一。（演员上场）

（结局一）

彬彬（猛捶桌子）：气死我了！气死我了！她怎么这样做？她怎么能这样做？臭妈妈！坏妈妈！（把拳头攥起来恶狠狠地说）我就不信你会再撕我的贺卡！哼！

（彬彬正发着火，窗口探出同学顾一凡的头，找他来打球）

同学（很热情地问）：嘿！彬彬！你干吗呢？出来和大家一起玩球吧！我们在外面等你！

彬彬：玩你个头！我心情不好！走开！走开！

同学：你今天怎么啦？吃火药了？有毛病！（悻悻地下场）

彬彬：哼！都和我作对！气死我了！（把桌子上的东西都推到了地上，并气急败坏地站起来，脚不小心撞到了桌子，痛得他连声大叫。这时，他看见了母亲忘记在桌子上的钱包……）咦？钱包？哈哈，她出去时忘了带钱包了，看她怎么买东西！哼，我把她的钱都花光！（气呼呼地走出家门，来到便利店）

彬彬（胡乱地拿着货架上的食品）：我要这个，还要那个，这个，那个，我都要了，我把平时你不让我吃的膨化食品都买回家，气死你！（他抱了东西，准备离开便利店）

售货员（急切地）：喂！小朋友！你还没有付钱呢！

彬彬（不耐烦地抓了一把钱，丢在柜台上）：给你！给你！别找了，真讨厌！

售货员（生气地）：这是谁家的孩子，脾气真大，没礼貌！

（彬彬抱着一大堆东西回到家里。风卷残云般把东西都吃光了，嘴里还说着“好吃好吃，哈哈，把她的钱都用光啦！”满意地打着饱嗝，翘着二郎腿，哼着小调，正在得意，突然肚子疼了起来）

彬彬：哎哟，哎哟！疼死了疼死了！妈妈，妈妈，你在哪里啊？（带着哭腔把头低下，趴在桌子上）

旁白：彬彬用暴饮暴食来宣泄不良情绪，结果生病了……如果他采取下一种宣泄方式会怎么样呢？

（结局二）

彬彬（捶桌子）：气死我了！怎么可以这样做？居然撕了我的贺卡！妈妈太过分了！太过分了！一点也不尊重我的想法。（又捶了一下桌子，很生气很伤心地趴在桌子上哭了。良久，抬起头来）嗯！有了，正好有日记作业，我就把我的想法和今天妈妈不讲理的做法，写进日记里，让老师看看，兴许老师能帮我找妈妈谈谈。对，就这么做！（拿出日记本，开始认真地写起来）好了，写完了。心情也好多了，听听音乐吧。（打开MP4，托着脑袋，听着音乐，思考着什么，一会儿，抬起头说）算了，她毕竟是我妈妈，也是为我好才这么冲动。（想了一想，拿出一张贺卡，慎重地写了起来。写完后，伸了个懒腰）哎！出去走走，休息休息吧。（说罢，往外走去）

母亲（回来）：彬彬，彬彬！看妈妈带什么给你了？（拎了个袋子，不见回应）人怎么不在？到哪里去了？这孩子，又在摆弄贺卡，还听着音乐！真是的！（打开桌上放着的那张贺卡，读起上面的字）

母亲读贺卡（响起背景音乐）：妈妈，今天早上的事对不起了！我真不该那样和您顶嘴！可是，可是我也没觉得自己写贺卡是件天大的错事，同学之间友好往来没什么不好啊。明天就是母亲节了，我祝您身体健康，开开心心！（儿子慢慢走到母亲身旁）

彬彬：妈妈！你回来啦！今天早上，我……对不起！

母亲：哎，不不不。（用手抚摸儿子的头）妈妈也有做得不对的地方！我撕了你写给同学的贺卡，这不应该。妈妈为自己的冲动向你道歉。走，妈妈陪你再去买几张贺卡，顺便写两张给你远在北京的表哥表姐，向他们也问个好！

彬彬（高兴地扬起头）：嗯！我们走吧。

（母子俩在和谐的气氛中走出了家门）

（剧终）

分享：

老师：看完了这出心理情景剧，大家都有什么想法啊？我们可以先请演彬彬的同学来谈一谈。

彬彬：在刚才的心理情景剧中我采取了两种不同的宣泄方式，产生了两种截然不同的结局。很明显，面对烦心事时，盲目地发泄对己对他都是不利的，不仅不能很好地解决问题，有时候还会适得其反。如果采取合理的宣泄方式，比如写写日记啦，听听音乐啦，和好朋友出去玩啦，等等，做一些自己喜欢的事情转移一下注意力，往往会取得很好的效果呢！

观众1：我觉得，在我们的一生中会遇到很多不顺心的事情，比如：考试失利，犯错后受父母和老师的斥责，同学之间发生了摩擦，等等，这都会让我们觉得很烦恼、很委屈、很难过，甚至是愤怒。那么，找个好方式宣泄一下是很有必要的。如果不宣泄，总是把不高兴的事闷在心里，久而久之，身体和精神都会受到损害。不过，我认为宣泄不等于盲目发泄。

老师：大家说得都非常好！要想解决好问题，除了合理宣泄情绪外，还要做好及时有效的沟通，冷静下来和发生冲突的对象心平气和地谈谈，把自己的想法说出来，也认真听听别人是怎么想的，多做换位思考，使人与人之间的沟通更和谐、更顺畅！

【本剧本参考黄辛隐、戴克明、陶新华，《校园心理剧研究》，苏州大学出版社，2003，并在此基础上进行了补充和完善。】

三、可可的故事

（一）背景

本剧讲述的是优秀生可可遭受到学习上的挫折（偶然的一次考试失败），内心（本我和超我）发生了强烈的冲突，对生活有退缩心态，变得自卑。最终她勇敢地面对现实，抛掉了对自己不切实际的期望，变得更加自信乐观起来。

主角：可可、甲（可可的本我）、乙（可可的超我）

辅角：彬彬、小西、亮亮、班长、李老师、一同学

（二）故事场景

【注】本剧中运用了心理情景剧中的多重替身技术，即多个配角站在主角

的身后与主角同台表演，或替主角说话。不同的替身可以模仿主角的不同内心思想和感受，表现出主角内心的矛盾与冲突，展现主角的多面性。如在主角表现选择性困惑时，可以让主角陷入沉思，背后的两个替身分别代表一个选择，进行争辩或者互相用语言攻击对方的缺点。这种表现形式往往使主角的内心冲突表现得更生动、具体、形象。

第一幕

（背景：教室，几张课桌上各放有几本书）

可可（上场）：嘿，大家好，我是可可，一直是老师和同学们心目中的好学生，学习成绩在年级名列前茅，对自己充满信心，在大家面前也总是很风光。这不，今年又评上了市三好学生！但这不算什么，我还会再赢！（说完坐在一旁凳子上）

甲（上场）：嘿嘿，哈哈，我是可可，我给了可可自信和勇气，我给了她成绩，我给了她别人的赞叹。最最重要的是，凡是能使可可快乐的事，我都坚决支持可可行动。（狂笑，站在可可旁边）

乙（上场，冷静智慧）：大家好，我也是可可，但我和刚才的那位可完全不同，虽然我不能直接给她成绩和别人的赞赏，但我能给她冷静和智慧。（恭谨地也站在可可旁边）

［上课铃响，甲、乙从两边退下，可可回到教室座位上，彬彬、小西、亮亮入座，等待上课。李老师夹一卷试卷走到讲台上，扶着眼镜，手掩在嘴边咳嗽，边咳嗽边讲：发……（咳一声）发试卷。试卷发下，彬彬得100分（得意扬扬），小西得78分（无所谓），亮亮得90分（作不得其解状：为什么会错？），可可得80分（受打击状：为什么会这样啊？）］

【注】此处运用的是心理情景剧中的声光技术，就是在心理情景剧表演过程中，用音乐、光线配合演员的表演，以达到渲染情感、调动气氛的作用。

（高林生《最爱你的人是我》曲起）

可可（唱）：书包最重的人是我，看书最多的人是我，脑袋最聪明的人是我，是我是我还是我。唉……

（其他人看书解题不动）

乙（上场，平静反思）：我在他们睡觉的时候背诵课文，在他们围坐在电脑前疯狂游戏的时候演算数学题，在他们玩的时候阅读书籍，我上课认真听讲，下课认真预习、复习，为什么，为什么我这么努力却会退步？难道是我的学习方法有问题吗？我要好好地、冷静地想想为什么才行。

甲（上场，粗暴地对乙）：这算什么？我是不会输的！我是市三好学生，我不可能输给那些同学，他们连贝多芬是哪个国家的都不知道，怎么可能赢我？我一定会赢！哈哈哈哈！（疯狂状）

（甲、乙退场）

可可（立起，抓拳）：这算什么，我是不会认输的！

旁白：一个月过去了，可可因为太在意那次考试失利的事情，自我剖析不够，情绪也没有得到及时疏导，又影响了两次考试成绩，分别得了81分和86分，而班级的最高分是98。她自信渐失，人也越来越烦躁了。下课了，同学们都在玩闹。

可可（摇头晃脑，咬笔头，百思不得其解，不甘心状）：不甘心，不甘心！（无奈状）无奈，无奈！（放弃状）唉……算了。

甲：这算什么？看来我这个市三好生是当之有愧啊！我考了那么点儿成绩，我一点儿都不聪明，太出丑了……（退场）

乙：失败了还可以再来，自信不能失，找找原因才是关键……（退场）

彬彬：最近可可怎么了？不大对劲啊！像座雕塑似的，课外活动也没以前积极了，人好像晒干的西红柿一样瘪了，都不知道在搞什么名堂！

小西：就是啊，我也发现了，老师上课滔滔不绝，可可却总是在发呆。

亮亮：兄弟有所不知啊！（唱）

捉不住分数的她，总是想要得第一；

教室里没有第一的人到处有，为何不能算她一个；

为了第一孤军奋斗，早就吃够了冠军的苦；

在分数中失落的人到处有，而她就是其中一个。

可可（长长叹了一口气）：唉……

（众生对视，同情状。班长上场，敲门声响）

班长：嘿！可可，彬彬，小西，亮亮。六一儿童节快到了，我们班也要出节目。你们有好点子吗？（渴望回应，注视可可）

彬彬：可可，可可？可可唱歌好好听啊！

可可（惊愕，犹豫）：我？不行不行！

（班长强烈要求来一首，众生附和。拉歌，台下打节奏：

可可，可可，来一个，来一个！

一二三四五，我们等得很辛苦；

一二三四五六七，我们等得很着急；

一二三四五六七八九，你的歌声有没有；

叫你唱你就唱，扭扭捏捏不像样）

可可（嗫嚅）：这个……

班长（搭可可肩，豪爽地）：行，就算上你一个节目了。

可可（犹犹豫豫）：那个……

班长（再拍肩）：好吧，你考虑考虑，我等你回复。

（班长和众生齐退，可可来回轻踱，冥思）

乙（上场）：可可你近来到底怎么了？因为那次考试失败吗？给你的打击竟如此大吗？你害怕了，你知道吗？站起来吧，去表现你真实的自我吧，你还是那么优秀的！

可可：（握拳跳起）好，那么我参加了。

甲（上场，憔悴、抗拒状）：不行不行！可可，虽说你还是那么优秀，但是，你可不能再做那些让你我出丑的事了。

（可可徘徊犹豫，走回座位）

乙（惊诧）：哎哟！几天不见，你就变得如此懦弱了？

甲（生气地）：你胡说什么？我永远是那么自信！你竟敢说我懦弱？哼，我告诉你，我可不会听你这么一说就认为我已经不行了！这算什么？我一定赢！（见乙双手抱拳欢快的样子又忙说）不过，我说了，我可不愿意做那些让我出丑的事，要做，我就要做大事！（对乙）懂吗？大事！（咳嗽，拍胸口，现衰老状）

乙（失望，沉思，继而冷笑）：哼！从刚才你所说的，我句句听到的都是你恐惧的宣言！你说你自信，但我看到的却是一个不敢迈出自己制造的幻景的懦夫！

甲（恼羞成怒）：你说什么？

乙（镇静地）：你不用那么大声，你越是反应激烈，就越说明你的痛处被触到了，别欲盖弥彰了！你不妨安静一点儿坐下来，好好地听我说几句。（动情地）我们本是同根生啊！

甲（气愤地）：哼！谁跟你同根生？我有什么痛处？我怕什么？你竟敢说

我是懦夫？

乙（冷笑）：不错，你恐惧，我感受到了你深深的恐惧，你因为恐惧而阻止可可。

甲（咆哮）：你说我恐惧？啊哈！我会恐惧？我恐惧什么？我是不会认输的！

乙：对！你恐惧。你的气急败坏正是你恐惧的写照。这个世界上，因为恐惧而发怒的人比比皆是。

甲（惊愕）：我恐惧？我怕？（喃喃）我怕什么呢？

乙（坚定地）：是的，你恐惧。一直以来，强悍的你给了可可太多的张狂，当然因为这张狂也给她带来了成绩。然而，80分那件事在你毫无提防的情况下，使你备受打击。（稍停）你退缩，就是因为你恐惧。

（甲失魂落魄，陷入沉思）

乙（继续道）：实际上，那件事给了你有生以来最大的打击！于是你阻挠可可，使她故步自封，也使你免得再受打击。

甲（很悲痛，语调沉痛地）：不要再说了，不要再说了！

【注】此处运用的是心理情景剧中的声光技术，即通过音乐来表达主角心中的矛盾，引发主角的自发性以及情感的表达。

[《一起走过的日子》音乐声起，甲在沉思、回忆，内心剧烈冲突。音乐中，可可上场，与甲、乙进行激烈的对话（动作和表情表示）。最后可可、甲、乙的手握到了一起。甲、乙退场，音乐逐渐隐去]

可可：好，参加！受一次打击算什么？我不一定能赢，但我能尽力做到最好！我要做到而且能做到无愧于己。我要尝试！（握拳）

可可：班长，班长，我答应了，算我一个节目！

班长：（握手）好样的，可可！

甲、乙（走到可可面前）：可可，人生哪能没有尝试？我不一定能赢，但我能尽力做到最好！我能做到无愧于己。

可可（跟着默念一遍）：我不一定能赢，但我能尽力做到最好！我能做到无愧于己。（随后精神抖擞，到表演台前，气沉丹田地练声，正正衣服上的领子，迈着坚定的步伐出场表演）

《我的未来不是梦》曲起，可可唱，台下一同学向可可献花，和可可一起唱。甲、乙分别从两边上台，一起唱。所有参加演出的人一起唱。在歌声中落幕……

（剧终）

分享：

观众1：这场心理情景剧真是太精彩了！平时在我们遇到难题时，心里总是会发生这样的矛盾冲突。而在这场表演中，通过两位性格全然不同的可可的配合，内心矛盾被非常生动地表达了出来。太棒了！

观众2：我觉得剧中的可可很棒！尽管在之前她经历了挫折和激烈的思想斗争，但最后还是协调好了狂妄的自己和冷静的自己之间的关系，让自己终于敢于面对打击，迎接挑战，有了不小的进步。

演员可可：之前的我太放任那个狂妄自大的自己了，尽管时时刻刻都对自己充满信心，但同时却又缺少直面挫折的勇气。如果不是那次在考试上的失利，我也不会在心里产生这么激烈的冲突，也不会有获得成长和进步的机会。现在想起来，我还应该感谢那次的考试失利呢！现在的我已经做好了随时迎接挑战的准备，就算失败了我也不会再感到自卑害怕，毕竟失败是成功之母呀，积极乐观的态度才是最重要的。

老师：可可说得没错，几乎每一个人都会经历失败和挫折。有些人用十分消极的态度对待它们，只是一味地抱怨、责怪。但有些人却把它们当作是天赐的礼物，乐观积极地从一次次的失败中获取经验，调整心态，最终收获了成功。

观众3：我觉得对于像可可这样的优等生遇到挫折后受到的打击往往特别大，因为他们平时对自己的要求和期望都很高，生活中偶尔遇到的一点儿挫折，都会对他们的心理和情绪产生较大的影响，这是很危险的，如果不好好处理的话，后果会很严重。

老师：的确。正如我们在心理情景剧中所看到的，可可就是因为长期生活在喝彩中，自我感觉良好，受不起一次考试的失利，便引发了较大的心理波动，给自己贴上了一个消极的标签，并产生了恶性循环，导致接连几次考试都不理想，在心理学上我们把这种心理现象叫作“标签效应”。但是如果自己能够做到成功的自我教育，便可以消除这种效应所带来的不良影响。就像剧中可可所做的那样，对自己进行深刻的反省，处理好自身性格中狂妄和理性两个成分之间的平衡，最终调整好心态，战胜了挫折。十分感谢大家的配合！

【本剧本参考高思刚，《中小学校园心理剧》，福建教育出版社，2008，并在此基础上进行了补充和完善。】

四、母子之间

（一）背景

小强是一名小学生。在他看来，课业压力大，回家还要练琴，太辛苦了。他希望能过像妈妈一样“自由自在”的生活，于是提出和妈妈换角色：他当妈妈，妈妈当儿子。在换角色的过程中，儿子理解了母亲的家庭责任和义务，了解了母亲对待自己的态度的原因，母亲也进行了反思。双方消除了误解和冲突，在以后的生活中能有意识地替对方考虑。

主角：小强

辅角：妈妈、爸爸

（二）故事场景

（主人公小强背着书包出场）

小强（唱）：我们的生活多么幸福，我们的学习多么快乐……

（说）唉，都说我们的生活多么幸福，我们的学习多么快乐，可是，唉，快乐吗？每天都被这沉重的书包压弯了腰，被功课压得抬不起头。回家做完老师布置的作业，又要做妈妈布置的作业，好不容易完成了作业，还要弹琴！唉，做人苦，做学生更苦，做小学生最苦啊！（拿起胸前的钥匙打开家门，走进去，坐在沙发上，翘起二郎腿，按下遥控器，打开一包薯片，边吃边悠闲地看电视）

（妈妈背着包，提着许多购物袋出场，妈妈走到家门口，用手肘摁门铃）

妈妈：小强，回来了吗？给妈妈开门。

（屋里的小强从沙发上跳起来，一副惊慌的模样）

小强：惨了，妈妈回来了！（手忙脚乱地用遥控器关掉电视，把薯片塞进橱柜里，慌乱中几片薯片和遥控器掉在地上，小强匆匆跑到门边开门）

（妈妈进门，放下手中的购物袋）

妈妈：回来了？怎么样，作业做了吗？

小强（支支吾吾）：作业？没，没……我，我刚回来，还，还没开始做呢！

妈妈（有些生气）：还没开始做？（低头看见地上的薯片和遥控器）你刚回家？

小强（慌乱）：对，对啊……

妈妈（看看地上的东西，又瞥了小强一眼，走到电视机前，摸摸电视机盖）：这电视机怎么是热的？

小强：这，这……

妈妈（生气地瞪着小强）：你瞧瞧，都几点了？还不抓紧做作业！眼看着要期末考试了，放假后还要考级，晚上你做完作业还得练琴，你还有心思看电视！（气得一屁股坐在沙发上）

（小强低着头，提起书包，走到书桌前，从书包里拿出书、本子和铅笔盒）

妈妈（走到小强旁边，翻看小强的书包。一会儿，从小强的书包里翻出一张考卷）：你瞧瞧，你瞧瞧，82分，真丢人！你瞧，这道题，天哪，连数字都抄错了！还有这道……

小强：妈，您就别说了！

妈妈：不说？不说下次要剩28分了！

小强：妈，您就别再数落我了。您不知道，当小学生太辛苦了！

妈妈：辛苦？当妈妈的就不辛苦？

小强：当妈妈的当然不辛苦！当妈妈的可以管小孩，还不用做作业、弹琴，怎么会辛苦呢？

妈妈：妈妈每天也有自己的工作，回家还要给你做饭、洗衣服，还要操心你的学习，怎么会不辛苦？

小强：当小学生辛苦！

妈妈：当妈妈辛苦！

小强：当小学生辛苦！

妈妈：当妈妈辛苦！

【注】此处运用的是心理情景剧中的角色互换技术，具体是指让主角扮演矛盾关系的对立方，目的是让主角加深对矛盾对立方的理解，体会到对方生活中的真实感受，从而能正确审视自己目前的心理矛盾。

小强、妈妈（同时）：我要当妈妈！我要当小孩！

小强：这样吧，妈妈，今天，我当妈妈，你当儿子！

妈妈：此话当真？

小强：当真！

妈妈：好！现在开始，我当儿子，你当妈妈，看看到底谁辛苦！

小强：一言为定！耶，我当妈妈喽！（唱）我们的生活多么幸福，我们的学习多么快乐……（说）哈哈，当了妈妈，幸福生活，从此开始！

妈妈：我现在开始当儿子，我做作业去！（说着走到书桌前）

小强：我现在开始当妈妈，我看电视去！儿子，好好做作业，别写错了！

（小强蹦到沙发上，拿起遥控器，对准电视摁下。妈妈拿起笔，想了想，又放下，转过身来）

妈妈：妈，你过来！

小强：干吗？做作业！

妈妈：妈，你还看电视啊？我都饿了。妈，晚上我想吃炸鸡翅、红烧肉、蒸螃蟹，还有……炒小白菜！

小强（愣了一下，站起来）：什么？

妈妈：我不管，我就要吃这些。

小强（一脸痛苦状）：这……好吧。（关掉电视，走进厨房）

（妈妈捂住嘴巴偷笑）

妈妈（放下笔，转过身）：妈，我要吃橘子。

小强（在厨房里）：自己拿！

妈妈：你帮我拿！

小强（走出厨房，从桌上拿了个橘子，搁在书桌上）：麻烦！

妈妈：妈，你帮我剥！

小强：帮……帮你剥？

妈妈（点头）：你是妈妈嘛！

小强（一脸无奈）：好吧。（剥橘子，剥完放桌上，走进厨房）

妈妈：妈，我饿了，你倒是快点做呀！

小强：好，我这就去做。

小强（在厨房里喊）：妈，米在哪儿呢？

妈妈（偷笑）：我是儿子，不知道米在哪儿！

小强：不知道，不知道！那我自己找。

妈妈：妈，快来，这道题我不知道怎么做！

小强（围着围裙，拿着锅铲走出厨房）：自己想，自己想，我忙着呢！

妈妈：不行，不行，我想不出来！

小强（走进厨房）：那等妈妈做完饭。

（妈妈偷笑）

小强（厨房里传出小强的叫声）：妈，不好了，螃蟹爬到地上了！

妈妈：我是儿子，我做作业呢！

小强：妈，螃蟹怎么抓呀？妈，螃蟹的大钳子好可怕呀！

妈妈：不可怕，好吃！

小强（走出厨房，抓住妈妈的手臂撒娇）：妈，你就帮帮我吧。

妈妈（无可奈何地摇摇头，走进厨房，一会儿又从厨房出来，对观众）：这回让他好好尝尝当妈妈的滋味！（回到书桌前，拿起笔，写字）

小强（在厨房里喊）：妈，这螃蟹怎么煮？妈，这肉怎么切？妈，这菜怎么炒？还有，还有……（小强说着，左手拿着一把青菜，右手拿着一把菜刀走出厨房，脸上黑黑的）

妈妈（抬头一看，笑了）：我说过，我是儿子！

小强：可是，可是……

妈妈：可是什么呀，我肚子都饿了！

小强：可是……有了，儿子，晚上妈妈带你到饭店吃饭！

妈妈：不行，外面的饭菜贵！

小强：不贵，不贵，今天妈妈请客。

妈妈：可是，我作业还没做完呢！到饭店吃饭就没时间做作业了。再说，做完作业后我还得弹琴呢！

小强：乖儿子，听妈妈的，到外面吃饭！弹琴……弹琴今天就免了！

妈妈：免了？那怎么行？放暑假我还得考级呢！

小强：考级……考级也免了！

妈妈：那我的作业呢？

小强：作业也免……不行啊，作业可不能免，要不然明天我拿什么交给老师啊！（一脸狡黠地）妈，明天上午，你能继续当儿子吗？

妈妈（一脸惊讶）：明天上午，我，继续当儿子？

小强：对，你当儿子，去上学；我当妈妈，去上班！

妈妈：你，去上班？

小强：对啊！

（丁零零……电话铃响）

小强：我来接。（接电话）喂，你好！请问找谁？

电话：你好，是小强吧，请问你妈妈在家吗？

小强：哦，妈……不对，现在我是妈妈，你找我啊，我就是！

电话：你，就是小王？

小强（俏皮地一笑）：是，我是小王。

电话：哦，我是小林。是这样，刚才主任吩咐我给你打个电话，问你那份实验报告完成了没有。

小强：实验报告？

电话：对，主任说那份实验报告必须今天完成，明天一早就交给他。

小强：明天……交实验报告？（挂了电话，转身对妈妈）妈，小林叔叔打来电话，说是让你明天交实验报告。

妈妈（眼珠子一转）：咦，我知道了，实验报告还没写完呢。对了，等会儿吃完饭，你去把那份实验报告写完吧。

小强：我？完成实验报告？

妈妈：对呀，你是妈妈呀！

小强：可是，我……我不会写啊！

妈妈：不会写？那怎么行，那可是你的工作！你不会写，明天拿什么交给主任？

小强：可是，可是……

（叮咚，叮咚……门铃响）

小强：一定是爸爸回来了。

（妈妈去开门，爸爸推着行李箱进门，放下行李箱，脱下外套，放在椅子上）

爸爸：唉，还是家里好啊，怎么样，这几天我出差在外，家里一切都好吧？

妈妈：好，好得很，你就放心吧，爸爸！（转过头面向小强）妈妈，爸爸回来了！

爸爸（惊讶地指着自己）：爸爸？（上下打量小强，又指指小强）妈妈？

妈妈：对呀，小强说要和我换角色，今天，他是妈妈，我是儿子。

爸爸（恍然大悟）：噢，（面向小强）是吗？

（小强沮丧地点点头）

妈妈：晚上，他做饭，做完饭还要帮我洗衣服，还要写实验报告呢！我嘛，做完作业，就去练琴。

爸爸（笑了）：那太好了！（打开行李箱，从箱子里拿出一个首饰盒，递给小强）老婆，这胸针是送给你的。（又弯腰拿出一个盒子，递给妈妈）还有这，赛车，儿子，这是你的。

小强（把首饰盒放在桌上，跑过去夺赛车）：赛车，我要！

妈妈（转身躲过小强）：这可是我的。

爸爸：这箱子里头可都是脏衣服，老婆，麻烦你等一下洗洗。哦，对了，老婆，饭做好了吗？我肚子可饿扁了。

妈妈：是啊，妈妈，我肚子也饿了。

小强：做饭，做饭，我才不要做饭呢！这妈妈，（脱下围裙）我不当了！

妈妈（拿起围裙，再给小强围上）：不行，不行，这妈妈怎么能不当呢！当小学生辛苦，当妈妈不辛苦！

小强（脱下围裙）：当妈妈太辛苦了，我还是当我的小学生吧！

爸爸、妈妈（同时）：真的？

小强（低着头）：真的。

爸爸（摸着小强的头）：我说儿子，你为什么不愿意当你的小学生呢？

小强：小学生太辛苦了，要做作业，做妈妈布置的练习，还要弹琴。

妈妈（拿起围裙，围上）：你们父子聊吧，我做饭去了。（进厨房）

爸爸（拉着小强的手，走到椅子前，坐下）：这样吧，儿子，你让爸爸看看，今天都有些什么作业。

小强（从书包里拿出一个本子，翻开，递给爸爸）：这些！

爸爸：哦，作业是不少，做完还要弹琴，是有点辛苦。

小强：可不是嘛！

爸爸：可这是你的工作啊。在这世界上，每个人都有自己的角色，也都有自己的工作，我们应该尽力把自己的工作做好。

小强（点头）：哦，我明白了！

爸爸：那你还想当妈妈吗？

小强（摇摇头）：其实，当妈妈还真挺辛苦的。（站起来，对着厨房）妈妈！

妈妈（走出厨房）：怎么了？

小强（鞠躬）：妈妈，您辛苦了！

妈妈（摸摸小强的头）：其实，你们小学生功课也挺紧，妈妈有时候对你要求太严格了。

爸爸：儿子，赶快做作业，做完作业，爸爸陪你拼装赛车！

小强（高兴地）：好！

（剧终）

分享：

妈妈：小强，这次当妈妈的经历怎么样呀？

小强（挠挠头）：嘿嘿，印象真是相当深刻啊！以前我一直以为学生最辛苦，妈妈只要管孩子就行了，这次和妈妈互换身份，体验了做妈妈的生活，我才真正明白了妈妈有多辛苦。妈妈，谢谢您这么不辞辛劳地照顾我和爸爸，您辛苦啦！

妈妈（摸着小强的头）：为了爱的人，再辛苦也是值得的！儿子，妈妈也要向你道歉，妈妈一心想让你成为一个优秀的人，所以逼你学习，强迫你练琴，没有充分考虑你的感受，没问你累不累就把这些课业强加于你。通过这次角色互换，妈妈理解了你的辛苦。小孩子就是好玩好动，妈妈以后不再压制你的天性了。但是你也要向妈妈保证，不能光顾着玩，要学习娱乐两不误。

小强：嗯！妈妈，我向您保证我一定会用功读书的，也会好好练琴！以后再也不惹您生气啦！

妈妈（和小强拉钩）：就这么说定了哦！

老师：现代社会竞争越来越激烈，不少父母都存在着望子成龙、望女成凤的心态，所以对孩子们要求严格，不让孩子放松休息，就连孩子看看电视也会大发雷霆。其实这是完全没有必要的，身为父母努力培养孩子成为一个优秀的人固然重要，但也要遵从孩子的天性，站在孩子们的角度考虑问题。在与他人的沟通交往中，学会换位思考是十分重要的。很多事情只要能站在对方的角度去看、去想，一切都能豁然开朗。亲子之间的沟通，同样需要换位思考。真诚地希望每一个家庭都能学会互相理解、互相沟通，收获美满和幸福！

注：此剧的受众是学生和家长，剧中的家长角色由真实的父母出演。

【本剧本参考高思刚，《中小学校园心理剧》，福建教育出版社，2008，并在此基础上进行了补充和完善。】

五、我长大啦

（一）背景

学习成绩优异的小何一直都是老师和爸爸妈妈的宠儿，在小何生日这天，由于奶奶的病情，导致了小何和爸爸妈妈的冲突。这在小何的心里留下了巨大的阴影和创伤。老师发觉了小何的反常，主动找小何了解情况。老师的循循善诱，让小何认识到自己的错误。在一次和好朋友小君的约定中，小何由于生病而无法赴约，这次经历令小何有了亲身感受，也明白了之前自己的错误。于是他主动向父母承认错误，与爸爸妈妈重归于好，改掉了以自我为中心的毛病。

主角：小何

辅角：爸爸、妈妈、奶奶、老师、小君

（二）故事场景

旁白：小何是老师心中的优秀生，也是爸爸妈妈的骄傲。今天是星期五，又是小何的生日，他一放学，就早早地回到了家。

第一幕

小何：今天是我的生日，爸爸答应要带我去吃披萨大餐，再去游乐场玩个够！（在家等得很焦急，皱着眉头在房间里走来走去，不停地看表，自言自语地）怎么还不回来，平时这会儿早到家了呀！该不会临时有事吧？不会的！今天是我的生日。天大的事，也比不上给我过生日来得重要！

（这时，爸爸妈妈回来了）

妈妈（皱着眉头，边开门边对爸爸说）：你累了一天了，今晚，还是我去照顾妈吧！

小何（跑向爸爸，抓着爸爸的手，大声说）：爸，我们什么时候出发？

爸爸：出发，去哪儿？

小何：今天是我生日，你忘了吗？你答应过我，要带我去吃披萨大餐的！

妈妈（拉过小何，温和地）：小何乖，今天早上奶奶心脏病发作，现在还在医院里。一会儿妈妈还得去照顾奶奶，让爸爸给你做饭，披萨大餐改天再吃，好吗？

小何（跳起来）：不嘛，不嘛！我已经等了好久了，今晚一定要去！

妈妈（摸着小何的头，耐心地）：小何，奶奶病得不轻，妈妈待会儿还得去医院陪奶奶，你就听妈妈一次，好吗？

小何：不好，不好！（挥舞着拳头）反正奶奶已经病了，你们又不是医生，去了也没用，还不如陪我去游乐场！

爸爸（生气地大声训斥）：瞧你说的什么话！听说奶奶病了，不但不关心，还一心想着玩，这么小就这么自私，奶奶真是白疼你了！今晚哪儿都别想去！

小何（跺了跺脚，大喊）：不去就不去，有什么了不起，你们大人说的话我再也不要相信了！（跑进了自己的房间）

爸爸（无奈地对妈妈说）：这孩子，真是被惯坏了。唉！

第二幕

旁白：从那以后，小何像有什么心事，课堂上总提不起劲儿，老师让小何放学后到办公室找她。

小何（到老师办公室前）：报告。

老师：进来，（拉过一把椅子，轻声地）坐下吧。为什么最近在课堂上不专心了，能告诉老师吗？

（小何低着头，不说话）

老师（轻按小何的肩膀，柔声地）：是不是有什么心事，能告诉老师吗？老师答应你，不告诉其他人。

小何（吞吞吐吐地）：我……我……

老师：是不是和小伙伴吵架了，还是和爸爸妈妈闹别扭了？

小何（伤心地）：我觉得爸爸妈妈不再疼我了。今年的生日，他们答应要带我去吃披萨大餐，我盼了好多天，可他们没带我去。

老师：是不是爸爸妈妈临时有什么事呀？

小何：他们说奶奶生病了，要去照顾奶奶。

老师：原来是这样！你的爸爸妈妈是晚辈，当然要关心和孝敬长辈了。奶奶病了，当然要去照顾奶奶，你说对吗？

（小何嘟着嘴，没说话）

老师：那好吧，今天我们就谈到这儿，你回去好好想想。

第三幕

旁白：过了几天，放学后……小何在收拾书包，小君跑向小何。

小君：小何，昨天我爸爸给我买了新型的F11赛车，可酷啦！明天到我家来玩吧！

小何（激动地）：真的吗？好想现在就来比一比，看谁跑得快！

小君：瞧把你急的！明天是星期六，我们可以玩个痛快！你一定要来哦！我等着把你的F8打败呢！

小何：那当然。明早我一定去！不见不散！

第四幕

（时间：第二天早上；地点：小何家）

小何（坐在椅子上，捂着肚子，皱着眉头）：哎哟！真是痛死我啦！

爸爸：一定是昨晚着凉啦。今早都拉了四次了！（上前摸摸小何的额头）哎呀！这么烫，一定发烧了！不行，得去医院！

小何：我不！

爸爸：为什么不？

小何：昨天我答应小君今天上午要去他家的，如果我不去，他一定会生气的。

爸爸：可是你病得这么严重，瞧，还一直冒冷汗，不去医院怎么行！你去给他打个电话吧，这病可不能耽搁。

（小何给小君打电话，可电话一直占线）

爸爸：上医院回来再打吧，我去换件衣服！（进房间换衣服）

小何（独白）：真糟糕！早不病晚不病，偏偏在这时候！小君一定恨死我了。唉！

第五幕

（时间：星期一上午，下课后）

（小何来找小君）

小何：小君，星期六那天……

小君（打断小何的话）：你怎么可以说话不算话！你知道吗，我等了你好久！我再也不跟你好了，哼！（说完转过身）

老师（走过来）：吵架啦？

小君：老师，小何言而无信！

小何：老师，星期六我答应小君要去找他玩，可是我发烧了，爸爸说一定要带我去医院，我给小君打过电话，但打不通。

老师：原来是这样！小君、小何，有些事情突然发生，我们就不得不改变决定，你们说是吗？

（小君、小何都没说话）

老师：小何，还记得前两天你对老师说的事吗？

小何：记得。

老师：那你现在明白当时爸爸妈妈的心情了吧？

小何（用力地点点头）：老师，是我错了。我没有为他们着想，是我太自私了。

老师：小何，既然你认识到了自己的错误，老师相信你一定能改正的，对吗？

小何：嗯。小君，对不起！你能原谅我吗？（伸出了手）

小君（不好意思地挠挠脑袋，也伸出了手）：我也有错，刚才没有听你把话说完。你现在身体好了吗？

小何（绽出了笑容）：好多了，谢谢！

老师：看来，你们已经学会了尊重和体谅他人，更像个男子汉啦！

（小何、小君互相看着对方，不好意思地笑了）

第六幕

（时间：星期一晚上；地点：小何家）

（爸爸妈妈扶着奶奶进来）

爸爸：妈，您慢点儿！

小何（向奶奶跑去）：奶奶！

奶奶：哎！我的乖孙子，奶奶想死你了！

小何：奶奶，我也想您。您好了吗？您快坐下！

（小何端茶给奶奶，给奶奶捶背，全家人都感到很惊讶）

妈妈：咦？今天家里怎么这么整齐，还特别干净？

小何（跑到妈妈面前，得意地）：是我做的！你们看，我做得好吗？

妈妈（瞪大眼睛）：这些都是你做的？

小何：那当然！做这点儿事算什么，以后，我还能帮你们做饭呢！

爸爸：哟，这太阳打西边儿出来了！我们家小何怎么一下变懂事了？

小何（跑到爸爸面前，深深地鞠了个躬）：爸爸，对不起，生日那天我说了许多不该说的话。老师说了，只要敢于承认错误并改正，就是男子汉。爸爸，你能原谅我吗？

爸爸：当然会原谅你啦！不过你要说到做到哦。

小何：一言为定！

妈妈（笑着）：我们小何真的长大啦！

（剧终）

分享：

老师：在大家的成长过程中，无论是亲子矛盾还是孩子的任性行为都是不可避免的问题。那么经过了这次心理情景剧的演绎，大家对这些问题有什么新的看法吗？

小何：在参加这次心理情景剧之前，我一直都觉得我就是大家的中心，所有的人都应该围着我转。但是现在我不这么认为了，每个人都有自己的世界，每个人做出的事情也有他自己的理由，并不是什么都是为了我才做的。在接下来的时间里，我还需要不断地去替他人着想，不能再这么任性了。

老师：小何，你说得很对，看来你的确通过这次的心理情景剧明白了不少道理。

小君：我也非常同意小何的看法！剧中那天小何没有按时来我家和我一起玩的时候，我也没有替小何着想，反而为他的“言而无信”感到非常生气。见到他之后我自顾自地生气，没有好好听他说话。哪怕我只要稍微体谅他一点儿，我们都不会吵架。所以我觉得无论是对谁，我们都要试着去替他们着想。

妈妈：小何一直以来在学校里表现很不错，让我们感到非常放心，在家里我们也就不对他做太多的要求了。可没想到这样反而忽略了他在性格方面的发展，养成了任性的习惯，这是我们在家庭教育上需要反省的地方。

老师：小何妈妈所说的的确是目前存在的一个十分普遍的问题，特别是在优等生的群体中。一旦“优等”成为一个光环笼罩在孩子身上，老师和家长便很有可能忽略他们的身心和人格的发展，导致他们身上出现一些不良的心态。这是一个需要家长、社会和教育工作者共同解决的问题。用正确的方法处理发展中的问题，希望每一个孩子都能够成为真正的优等生。非常感谢大家今天的配合！

【本剧本参考高思刚，《中小学校园心理剧》，福建教育出版社，2008，并在此基础上进行了补充和完善。】

六、不受欢迎的尖子生

（一）背景

D是一名头脑聪明的学生，但他在班级里不可一世、目中无人的态度，使他在同学中并不受欢迎。一开始，D并没有察觉到自己待人接物的不得当之处。但渐渐地，D却从同学们对待他的态度中，感受到了些什么。通过和心理老师敞开心扉的交谈，D彻底发现了自己与他人交流时存在的缺点，并在心理老师的帮助下，积极地将其改正过来，成为了一名受欢迎的尖子生。

主角：D

辅角：老师、A、B、C、同桌

（二）故事场景

旁白：“五一”小长假过后，同学们又回到了校园，带着喜悦的心情开始了新的学习。上午大课间，一群同学正议论着各自的经历。

第一幕　言语伤人惹人恼

（地点：教室）

A：“五一”你们都去哪儿玩了？

B：我啊，哪儿都没去，就在家里写作业了。

C：我去农村了，帮我三姨家种地了，和大自然亲近的感觉好极了！你去哪儿了？

A：我去秦皇岛了。

B：感觉怎么样，有什么好玩儿的？

A：看到了许多动物，长颈鹿、熊什么的，对了，那白老虎特帅，特威猛……（话没说完）

D：那有什么好玩的，瞧瞧你们去那地儿，小地方，没意思，我这几天去大连了！人家那才叫大城市呢，我跟你们说……好，你们……我自己玩儿去！（下

场，大家没有理他，纷纷议论）

A：他这人，老这样，瞧不起人。

B：去过大连有什么了不起的，也用不着说咱们去过的地方小啊。

C：就是，臭显摆什么呀！这种人，不用理他！

旁白：D同学一味地炫耀自己，不考虑别人的感受，这引起了同学们对他的反感，大家对他不理不睬，这让他陷入了窘境，他觉得很不爽。

第二幕　讽刺挖苦埋恶果

（地点：教室）

D：考试成绩出来了！出来了！我念吧！

A：别念了，别念了，老师都说不用念的。（抢卷）

D：来来来，我念吧！

E：念什么念啊，就你考得好，臭显摆什么啊！

D：就念！气死你！D：98分、C：82分、A：89分、F：85分、B：82分、E：啊？才65分，你太笨了吧！猪吧，这么简单的题才答这点儿分！！！（举起卷纸）

E：你才是猪呢！（拍桌子）

D：谁是猪啊，我考98分呢！

E：98分也是猪！大傻猪！

D：我看你是脑子有问题！进水了吧！快修理修理去吧！

E：你，你脑子才有问题呢！

D：瞧你那小样，“活着浪费空气，死了浪费土地，半死不活浪费人民币。”

B：D，你怎么欺负人呢，人家没考好，本来就挺难受的，你怎么还这么说人家呢！

D：说怎么了，说怎么了，考不好还怕人家说啊！你怎么那么欠儿呢，用你管啊！有你什么事啊！

B：你别太过分了！（抢卷）

（D扔B的东西）

B：你干吗扔我东西！

同学们：你干吗还扔人家东西啊，真是不讲道理！

D：我就扔！就扔！

（同学们纷纷帮忙捡起，对D的行为表示气愤，小声议论。上课铃声响起，同学们回到座位坐好）

（D写了两个字，钢笔没水了）

D：这破笔怎么还没水了呢？真愁人，同桌，借支笔吧。

同桌：没有！

D：你怎么那么小气呢，你明明还有一支的嘛！

同桌：有，就是不借！

D：切，不借就不借，我向别人借去！A，借我一支笔！

（D刚要拿，被A打了回去）

A：谁让你动的！不借！

D：B，借我一支笔！

（B看了他一眼，摇头，故意气他）

D：你们这群傻子！

同桌：你怎么骂人呢？老师，D骂人！

旁白：没借到笔的D这回是真的伤心极了。他不明白为什么处处比别人优秀的他却得不到大家的赞赏，无助的他走进了心理咨询室。

第三幕　心理郁闷来咨询

旁白：心理老师热情地接待了他，D向老师诉说了这些日子发生的不愉快。老师让A和D角色互换重复不愉快的场景，让D同学感受到了被别人嘲笑的滋味和被别人友好对待的感受，不同感受的对比一下子触动了D同学的内心，让他觉察到自己总是向外找原因，总是责怪别人的毛病。

【注】此处运用的是心理情景剧中的角色互换技术和对比技术，角色互换技术是指让主角扮演矛盾关系的对立方，目的是让主角加深对矛盾对立方的理解，体会到对方生活中的真实感受，从而正确审视自己目前的心理矛盾。对比技术指通过对比让观众明确地知道，何种行为导致矛盾，何种行为消除了矛盾。

A：D，65分，猪吧！这么简单的试卷才拿这么点儿分！

D：你，你这人怎么这样？

A：怎么怎么怎么了？瞧你那小样，“活着浪费空气，死了浪费土地，半死不活还浪费人民币呢。”

（D气得喘气）

A：考这么点儿分还有脸站在这儿啊？

D：A，你给我住嘴！（握起拳头作势要打向A）

老师：（连忙拦住）好，停停停。我想知道你现在是什么样的心情？

D：非常生气。

老师：非常生气。为什么会这么生气？

D：我感觉被他说得特没面子。

老师（对A说）：那一会儿我们换一种态度来对待他好不好？

（A点头）

老师（对D说）：你希望他用什么样的态度对待你？

D：我希望他说话能……语气好一点儿。

老师（对A说）：语气好一点儿，可以吗？

A：可以。

老师：好，那你们再来表演一下。

A：D，65分，没事，这次没考好没什么，下次你一定会考好的，要不，你看看哪道题不会，我再给你讲讲。

D：老师，他这么说，我还真的不生气了。我忽然觉得我太过分了，我以前和同学们说话，是那么的不中听。他们心里一定比我难受。唉，都是我不好，该怎么办啊？

老师：你这么聪明，应该知道该怎么办啊。

D：我，我应该去跟他们道歉。

老师：对，你希望别人怎样对待你，你就怎样去对待别人。

旁白：角色互换，让D同学亲身体验到了被嘲笑的尴尬，发现了自己与同学相处时的问题所在。

第四幕　改变自己受欢迎

（E和B在攻克难题）

B：这道题怎么这么难啊！

A：是啊，我也没做出来。

D（走过去说）：来，我来帮你们看看吧，我会做。你们看啊，我给你们画个图……

E：等等，D，你没发烧吧？（摸D）今天态度怎么这么好？以前问你都不给我们讲！

D：呵呵，以前，我做得不对，来来来，快做题吧，我给你们讲一下。（讲了一会儿）怎么样，明白了吗？

（D去帮同学值日，大家议论）

C：哎，今天也不是D值日啊，他怎么擦黑板去了呢？

B：对，他最近天天值日，昨天还帮我倒垃圾了，我还纳闷呢，他到底是哪根筋抽了？

A：他这几天啊，变了，你没发现吗？他不再像以前那样和同学说话了，态度变好了。

C：也是，我也感觉到了，那天我踩到他脚了，我以为他会大骂我一顿呢，结果他就微笑着说没关系。他是变了。

B：这样的他多好啊，让人觉得特别亲近。

（D在一旁听到了同学们的议论，笑了，转过身，真诚地和同学们说）

D：你们是在夸我吗？

同学们：是啊是啊。（大家点头）

D：谢谢大家，我以后都会这样的，希望大家接受我。

同学们：（鼓掌夸赞道）D，你真是好样的。我们一起出去玩吧。

旁白：就这样，D认识到了自己的不足，改变了自己与人交往的方式，他也很快融入了同学们中间，得到了大家的认可，成了一名受大家欢迎的尖子生。

（剧终）

分享：

D：在从前，我从来都不知道要考虑对方的感受，不知道不负责任地说出伤害对方的话会让人这么难受，这回我真实地体验到了。以后，我无论如何都再也不会那么做了。

老师：是的没错。在很多时候，我们所需要的，就是在说话之前好好地思考一下“如果别人对我说了这句话，我的感受是怎样的呢”。这样换位思考了以后，也就不会出现恶语伤人的情况了。

观众1：看了这场心理情景剧，我想起了以前在人际交往中做得不好的地方。现在想起来，其实当时的我只要换一个态度，好好地和对方说明情况，一切矛盾误会都不会存在了。

观众2：是呀，多一点平和，多一点换位思考。不仅仅是对方，就连我们自己在和他人交往的过程里也会愉快很多。

老师：其实在和人交往的过程中，态度一直发挥着至关重要的作用。我们想要他人如何对待我们，我们就要如何对待他人。这句话不仅仅是送给D的，也是送给所有人的。牢牢地记住这句话，相信大家都能成为善于且乐于与人交往的人。

七、迟来的忏悔

（一）背景

故事讲述了小主人公李云妮的妈妈因为是单身，一个人照顾孩子，怕自己的宝贝获得的爱比别的孩子少，就过度溺爱孩子。因为妈妈的溺爱，小云妮产生了爱慕虚荣、喜欢与同学攀比、不愿接受家庭不富有这个现实的心理。妈妈因为爱云妮，想要多照顾她，到云妮的学校当清洁工，这件事让云妮感觉极度丢脸，在云妮和妈妈发生争吵后，妈妈出了车祸。妈妈的离世彻底打碎了云妮这颗虚荣的心，她开始反思，开始忏悔……

主角：李云妮

辅角：妈妈、林涛、于小菲、舒雨、王小涵、小胖

（二）故事场景

（地点：教室；时间：课间）

第一幕

林涛：这次考试我肯定又没考好，你可得帮我想想法子啊！

小胖：哎呀，不好更好！省得担心别人超过你！

林涛：小胖、小胖！我爸说了，这次再考不好，就要杀了我！

小胖：哎，有了有了，那就让你妈给你求情呗！

林涛：我妈？拉倒吧，我妈比我爸还凶呢。她一看见我学习成绩不好，就揪着我的耳朵往阳台上拽，让我往下看。

李云妮：看，看什么啊？

林涛：看扫大街的清洁工。我妈说了，如果我长大学习不好，就去扫大街，当清洁工，丢死人了！

于小菲：那就好好学呗，如果你真当上了清洁工，又在街上看到了咱班同学，那你这30多斤的大脑袋，可就真抬不起来了！

（云妮妈妈身着清洁工衣服上场，手里拿着饭盒）

妈妈：云妮，云妮。

李云妮（惊讶）：你，你怎么来了？

于小菲：云妮，她是谁啊？

李云妮：她，她是我家的保姆。

舒雨：阿姨，你给云妮带什么好吃的来了？

李云妮（生气）：不用你们多管闲事。

（李云妮拉着妈妈走到舞台一侧）

林涛：李云妮怎么这样？

于小菲：哼，有什么可牛的，就她家能请得起保姆啊？

王小涵：就是，走，咱们去玩。

（众学生下场，李云妮坐在一旁的凳子上）

第二幕

妈妈：来，云妮，饿了吧，妈妈给你带了鸡翅。

李云妮：妈，谁让你来学校的？

妈妈：云妮，妈妈找到新工作啦。

（李云妮欣喜地从凳子上起来，转向妈妈）

李云妮：是吗？快告诉我在哪儿？

妈妈：就在你们学校当清洁工。

（李云妮失望地后退一步）

李云妮：什么……你……在我们学校当……清洁工？（开始生气）你上哪儿当清洁工不行，非得到我们学校当清洁工！这今后让我怎么抬得起头，怎么见我的同学啊！

妈妈：在这工作，妈就可以经常照顾你啊！（走过去摸着李云妮的头）

李云妮（甩开妈妈的手）：行啦！你不知道，林涛一考试不好，他妈就揪着他的耳朵，从阳台往下看，说如果他不好好学习，长大了，就去扫大街，当清洁工！

妈妈：妈妈不在乎这些，我就是个普通的劳动者。

李云妮：劳动者？

妈妈：劳动者不光彩吗？

李云妮：哎呀，我不管，你赶紧走，别在这给我丢人。

妈妈：要不这样，你在学校就装作不认识我，我戴上大口罩，尽量避开你们班的同学。

李云妮：你要是非赖在这不走，我这个学就不上了！

妈妈：那好吧，等今天下午开完家长会，妈妈就把工作辞了。

李云妮：什么？你就穿着这身衣服给我开家长会？不行，绝对不行！

妈妈：孩子，妈妈这工装整齐干净，不丢人。

李云妮：要是同学知道你是清洁工，我的脸往哪儿放啊？你赶紧去买一套名牌的衣服去。

妈妈：现在名牌衣服都得上千元，妈妈哪有钱买啊？（生气）

李云妮：你一天就知道钱、钱、钱，好东西能不贵吗？

妈妈：我都快不认识你了，你还是我的女儿吗？

李云妮：你以为我想当你的女儿啊？我穿的衣服都不是名牌，我用的文具也都是便宜货。我不想有你这样的妈妈！

妈妈：你！（举手欲打）

李云妮（仰着脸）：你打啊！你打啊！你知道吗？我恨你，我恨自己有这样没钱的妈妈！

妈妈（泪水禁不住流下来）：这是为什么！你知道吗？在你一岁的时候，爸爸去了日本，从此就再也没有音信。这些年我风里雨里啥活都干，我站马路当临时工，给人刷房子还在地下商场给人家看服装！为了你，我吃再多的苦，受再多的累，都无所谓。可你居然这样，太让我心寒了！

李云妮：你走，你快走，我不想看到你……

妈妈：好，我走……我走……妈妈给你丢脸了……

（妈妈哭着走了，李云妮愣在舞台上）

第三幕

【注】此处运用的是心理情景剧中的独白技术，独白是指主角直接面对观众说话，表达一些观众不能觉察的感受和思想，凸显主角内心的想法和挣扎。

李云妮（独白）：其实，从小妈妈就关心我、呵护我，可是我也不知为什么，变得越来越虚荣。每当看到同学们有那么多的好东西，我是又羡慕又嫉妒。就因为妈妈没钱给我买，我就……我就这样伤害了她……

（林涛等同学跑上场）

林涛：出事了！出事了！

舒雨：李云妮，你家保姆在校门口被车撞了，现在送医院抢救了！

李云妮：什么？我妈被车撞了？我妈被车撞了！

（众学生惊讶）

王小涵：保姆就是李云妮的妈妈！

（众学生追着李云妮跑下场，舞台灯光变幻。汽车戛然而止声，120急救声）

（此处舞蹈展示。推着妈妈的轮椅，医生忙碌的救治，李云妮手术室外的焦急，心跳停止的仪器声音……舞台一束追光，妈妈的舞台造型形象）

李云妮（独白）：妈妈，昨晚我梦见您了，您还穿着半袖衣服呢！天凉了，您也要多穿一点衣裳。本来想在梦中让您狠狠地打我一顿，可您却微笑着消失了。妈妈，如果现在我说我错了，您能原谅我吗？您能回到我的身边吗？每天放学后，同学们都被爸爸、妈妈接走了，只有我一个人，呆呆地站在这里。妈妈，我知道，您不能回来了，一切都不能了，妈妈那就愿您在天堂快乐吧！没有了我这样不懂事的女儿伤害您，没有了生活中的种种难心事烦扰您，您一定会开心，会快乐的。妈妈，在我的眼里，在我的心里，到处都是您！妈妈，我多么需要您啊！妈妈，您回来吧！妈妈，我爱您！妈妈跟我回家吧，跟我回家吧！妈妈，我想您！（哭声呜咽）

（剧终）

分享：

老师：剧中李云妮同学最后失去了母亲，让她悔恨。虚荣心确实很害人，让李云妮伤害了她的妈妈，最后留下了遗憾。对于这些，大家有什么看法呢？

李云妮：剧中因为我的虚荣心，不愿意接受妈妈是清洁工的事实，让妈妈如此伤心，还有因为我，妈妈才会出车祸。这都是因为我这个不懂事的女儿，我很后悔，我想向妈妈道歉和忏悔。

观众1：都是虚荣心搞的鬼，让本来一个好好的家变得支离破碎。看来虚荣心不可有，否则，既伤害了他人，也伤害了自己。

老师：是呀，在生活中，我们有着正常的花销，一切物质都是为了满足我们的生活，但如果我们为了和别人攀比，满足虚荣心，那就是本末倒置了，会让原本幸福的家庭最后支离破碎。

观众2：妈妈是清洁工，这其实很正常，没有什么丢人的，他们也是靠着自己的劳动赚钱，总是有人戴着有色眼镜去看待这些人，还这么教育孩子，使孩子们从小就看不起一些在底层工作的人们，剧中的云妮也是受到了这些人的影响，才会看不起母亲，导致悲剧的发生。

老师：其实社会上有很多职业都不应该被人们歧视，比如说清洁工，他们靠自己的劳动生存，使环境变得更加整洁，我们应该尊重他们，而不是去贬低和嘲讽，这样我们才会有一个和谐的社会。另外，这场心理情景剧也提醒同学们，应当收敛起自己幼稚的脾气和任性的要求，接受并适应自己的家庭环境，努力奋斗，将来以自己的能力改变现状，要体贴父母的辛苦和难处，父母才是最爱你们的人，相信你们以后会做得更好！

八、掌心的阳光

（一）背景

一个名叫诗诗的女孩从小被娇生惯养，性格自私，嫉妒妈妈送阿玉妹妹礼物、不肯借同桌铅笔等等。在老师的教导下以及和同学们的相处过程中逐渐明白了帮助别人的快乐，最后得到了妈妈的肯定。

主角：诗诗

辅角：圆圆、替身1、替身2、妈妈、老师、雨姿、金天、华兵

（二）故事场景

第一幕　礼物风波

诗诗：妈妈怎么还没回来，马上就儿童节了，妈妈说今天会给我买礼物，到底是什么礼物呢？

妈妈：诗诗，诗诗！

诗诗：妈妈，你回来了，我的节日礼物呢？

妈妈：当当！

诗诗：哇！这么多！妈妈，我太爱你了，两份，会是什么呢？我太期待了！（诗诗打开袋子看了看）是我想要的白纱裙，妈妈，你怎么买了两件一模一

样的礼物呀？

妈妈：一份是给你的，一份是给阿玉妹妹的。

诗诗：阿玉妹妹是谁呀？

妈妈：阿玉妹妹是妈妈去农村支教时最欣赏的小女孩。

诗诗：我又不认识她，你为什么要送她礼物呀？

妈妈：阿玉妹妹学习特别勤奋，你知道吗，她妈妈常年卧病在床，爸爸又在外面打工，家里很困难，妈妈心里总惦记着她。

诗诗：我不听我不听，我不要跟别人穿一样的衣服，背一样的书包。

妈妈：你这孩子，怎么这么不懂事！我还想等你放暑假一起去看望她呢！

诗诗：我才不去呢，妈妈真讨厌，为什么要把明明属于我的东西分给阿玉妹妹！

妈妈：你这孩子怎么心里只想着自己呢，你还是自己好好想想吧！

第二幕　蓝色树叶

同学们坐在教室里，这时上课铃响了。

旁白：美术课上，老师教同学们画风景，要画树、房子和小山。圆圆画好了近处的房子、远处的小山，她正要画树叶时，找不到绿铅笔了，圆圆望向自己的同桌，诗诗已经把树画好了。

圆圆：诗诗，我找不到我的绿铅笔了，你能借我用一下吗？

诗诗：我自己的还没画好呢！

圆圆：那我等你画好吧！

旁白：圆圆望了望同桌的画，趴下来，在桌子上，看诗诗把房子、小山都画好了。

圆圆：现在可以借我用了吧？

诗诗：我怕你把笔尖弄断。

圆圆：我发誓我会很小心地使用的。

诗诗：画的不要太粗，画的不要太密。

圆圆：我就画树叶和小草。

诗诗：还要画小草啊！

圆圆：那算了吧！

旁白：圆圆拿起了自己的蓝铅笔，用心地画起了树叶，诗诗看着圆圆专心的模样，还有那蓝蓝的树叶，心里响起了两个声音。

【注】这里运用多重替身技术，当主角有多重矛盾感受时，多重替身技术可以有效运用，多重替身可以参与心理情景剧中，展现主角的多面性，表现主角的内心世界。

替身1：蓝色树叶好奇怪呀，影响了整个画面。

替身2：她干吗自己不带绿铅笔呢？变成这个样子怪不了谁。

替身1：如果我把绿铅笔借给她上色，她的画一定会得到老师的表扬。

替身2：关我什么事，是她自己不带绿铅笔的。

替身1：小气鬼！

替身2：胡说胡说！我想要借她，是她自己不用的。

第三幕　心理健康课

（心理健康课上）

老师：真是太棒了！看完了同学们自导自演的话剧《盲人点灯》，大家懂得了帮助别人、快乐自己。那么老师想问问大家，在生活中，你们是不是向聪明的盲人那样解决问题呢？现在我们来一起做一个游戏好吗？

全班同学：好！

老师：请听游戏规则，游戏的名字叫“反穿衣”，请心理课代表上来做示范，雨姿！

老师：请雨姿脱掉外套，反穿外套，大家猜老师会让你们完成什么任务呢？

全班同学：不知道！

老师：瞧，接下来将完成一件最难的事情，把拉链拉上，就算完成任务了，听明白游戏规则了吗？

全体同学：听明白了。

老师：计时2分钟，开始！

（音乐起）

旁白：圆圆和诗诗各自在反穿衣服，诗诗看别人同桌相互帮忙，又看了看圆圆，圆圆正在套头，拉拉链。

诗诗（自言自语）：哼，不用别人帮，我也可以！

旁白：诗诗试了很多次都没有成功，干脆趴在桌子上发呆了。

【注】以下部分运用的是心理情景剧中的多重替身技术，当主角有多重矛盾感受时，多重替身技术可以被有效地运用，用来展现主角的多面性，表现主角内心状态。

替身1：她是不是还在生我的气？

替身2：肯定是的，她最爱记仇。

替身1：是我先不帮她，她才会这么做的，如果我把铅笔借给她，她肯定会帮我拉拉链的。

替身2：哼，不帮就不帮呗，反正她也完成不了。

圆圆：金天，帮我拉下拉链。

老师：老师发现，很多同学都圆满地完成了任务，下面请完成任务的同学分享一下诀窍，雨姿，你说一下。

雨姿：反手拉拉链可真别扭，不过我让同桌转身，我帮他一拉，可快了。

老师：欣然！

欣然：我和同桌相互帮忙，让我想起科学课上一次成功的试验，试验成功的小组，就是听从指挥，不只顾自己，你第一，他第二，我第三，很快就成功了。

老师：你们都体会到了礼让、合作的美妙，你们都是生活中的有心人，圆圆，你想说什么？

圆圆：我先把拉链拉上，再把头套进去，头套进去的时候，拉链开了，我失败了。

老师：那最后是怎么成功的呢？

圆圆：我跟雨姿一样，是请金天帮忙的。

老师：老师发现，大家都懂得“赠人玫瑰，手留余香”的道理，大作家屠格涅夫曾经说过“我们都有足够的能力去帮助别人，在我们的掌心里，总有一种叫作善良的阳光，把手伸出去，只需简单的一握，收获的绝不比播撒的少”，所以请那些没有完成任务的同学分析一下原因。现在还有谁想分享一下，在生活中，你想成为谁的阳光？金天！

金天：我想成为妈妈的阳光，帮她洗碗、收拾房间。

老师：你妈妈一定很高兴。华兵！

华兵：我要成为弟弟的阳光，陪他吃饭、睡觉、做游戏。圆圆！

圆圆：我要做老师的阳光，成为老师的小帮手。

老师：老师太欣慰了！阳光无处不在，让我们把掌心里的阳光送给彼此。

老师：下课！

雨姿：起立！

老师：同学们再见！

全体同学：老师再见！

第四幕　放学路上

旁白：放学路上，诗诗看着三三两两回家的同学们，想着课上老师和同学们的话，她抬起头，若有所思。阳光照在脸上，暖洋洋的，老师说善良也是一种阳光，也能让人心底暖洋洋的。金天是妈妈的阳光，华兵是弟弟的阳光，圆圆是老师的阳光，妈妈是阿玉妹妹的阳光，那我呢？我能成为谁的阳光呢？走着走着，诗诗脸上拨云见日般微笑起来，脚步也轻快了，快到家门口的时候，蹦着跳着喊着……

诗诗：妈妈，我有礼物要送给阿玉妹妹，我们一起去看望她吧！

（剧终）

分享：

诗诗：剧中的我太自私，不肯帮助别人，才导致当我有了困难，没有人来帮助我。现在我明白了，当我们帮助别人的时候，虽然会失去一些东西，但同时却会得到更多，比如珍贵的友情、内心的喜悦等等，当你遇到困难时别人也会来帮助你。

老师：现在我们的同学大多数是独生子女，从小没有兄弟姐妹，自己的东西也不需要跟别人分享，所以缺乏替别人着想的精神，但我相信你们本质上都是很善良的，只要加以教育引导，都会愿意去帮助别人。“赠人玫瑰，手留余香。”当你们感受到帮助别人的喜悦时，就能够更加理解别人，从而形成一种良好的人际关系。

九、郝帅转学记

（一）背景

四年级的郝帅，自我约束能力较弱，不分场合随便说话，做小动作，不爱完成作业……做事好感情用事，遇事易冲动，不能理智解决问题。对符合自己心意的什么都好，遇到不顺心的事则怨气冲天，满腹牢骚。面对同学，内心也想表现自己，可是又缺乏毅力，做事虎头蛇尾，甚至半途而废。当同学的指责、老师的批评都指向自己时，他内心的情绪爆发，向老师提出转学……

主角：郝帅

辅角：郝帅的影子、朱老师、张明、周宇、王浩、李菲菲、刘娇娇、郝帅妈妈

（二）故事场景

第一幕　上课风波

（同学坐好，体委在班级前面做总结，郝帅跑进教室）

周宇：今天批评郝帅，走廊里跑跳。

（郝帅不服气地起立，翻白眼）

【注】此处运用的是心理情景剧中的替身技术，替身技术也可以称为影子技术，即主角身后或幕后的另一个人如影随形地通过动作或语言将主角真实的思想和感觉表现出来，或者帮助主角在台上把无法充分表达的思想和感觉补充表达出来。

郝帅的影子（从舞台另一侧出现）：哼！就他？学习啥啥都不会，有什么资格批评我？（定格结束，场上恢复正常）

朱老师：同学们，今天我们学习《包公审驴》，你们看到这个题目有什么想法？

朱老师：王浩，你说。

郝帅：应该想到为什么要审驴，怎么不审人呢？

朱老师：郝帅说得很好，但是如果你举手发言就更好了。

郝帅：老师，我举了，你没叫我啊！

朱老师：王浩举手的姿势标准，所以我叫了王浩。我们是不是要先听听王浩的想法？

王浩：我想知道包公是如何审驴的？他用了什么样的方法？

朱老师：王浩说得非常好，现在谁能为大家读一下第一自然段？李菲菲的坐姿真好，李菲菲，你来读。

（李菲菲起立后，小声读课文）

（影子从舞台另一侧出现）

郝帅的影子：好啊！真偏心，回回不叫我！我比他俩强多了，凭什么不叫我！（定格结束）

朱老师：嗯，菲菲读得非常有感情，下次声音再大些就更好了。

（郝帅在座位上不服气，故意不听课，溜号）

朱老师：郝帅，请你也来读一读吧。

（郝帅慌张起立，找不到课文，同学们窃窃地笑。郝帅环视四周后，一把抢过同桌李菲菲的书，开始大声朗读。老师无奈地摇了摇头）

（下课铃声响）

（郝帅长出一口气，一屁股坐在凳子上，把书甩给李菲菲）

（李菲菲敢怒不敢言地看了郝帅一下，默默把书收进书桌）

【注】此处运用的是独白技术，指主角直接面对观众说话，表达一下观众未觉察的感受和思想。

郝帅（独白）：这节课真倒霉！我想发言，她不叫我，偏偏等我走神了，她倒叫我了，这不是故意让我丢人嘛！（双手掐腰，喘粗气）

刘娇娇：郝帅！你作业本呢？

郝帅：刘娇娇，你喊什么喊！我忘带了！

刘娇娇：蒙谁呢！你根本就没写吧？（翻出作业本）

郝帅：谁没写！我，我那是没写完！（喘粗气）

朱老师：娇娇，你先去整理其他同学的作业。郝帅，来，我和你说点事。

郝帅：又来了，还说点事？分明就是又要批评我！

（朱老师带郝帅走到舞台中间）

朱老师：郝帅，怎么不开心？

郝帅：哼！大家都针对我，故意挑我毛病，找我碴。他们就是我的仇人！老师你也看我不顺眼！

朱老师：郝帅，你先冷静一下。先默数10个数，我们再谈？

郝帅：数数？我冷静不了！我不喜欢这样！我要换同学，我要换老师！我要换学校！

朱老师（先是一愣，然后微笑）：你想好了吗？你家长能同意吗？

郝帅：我妈肯定同意，她听我的！

朱老师：那好，不过只要你没转学，今天的作业还是得完成，对不对？

郝帅：好，没问题！只要让我转学，干什么都行！

（朱老师拨打电话）

朱老师：喂？是郝帅妈妈吗？我是朱老师。

郝帅妈妈（台下）：您好，朱老师。我们家郝帅今天是不是又惹什么祸啦？

朱老师：郝帅妈妈，您先别激动。其实郝帅很聪明，只是喜欢冲动，自我约束能力也有待提高。不过郝帅还是很要强的，非常在意大家对他的看法，我觉得这恰恰可以成为他进步的动力。我有个主意，你看这样行不行？

郝帅妈妈（上台）：老师！您真是太有方法了！我一定好好配合！朱老师，您放心，我知道该怎么做了！

第二幕　意欲转学

（郝帅放学回家）

郝帅：妈！妈！

郝帅妈妈：哎呀，我的宝贝儿子回来了！这是怎么了，和谁生气了？

郝帅：妈，我要转学！

郝帅妈妈：什么？转学？！为什么要转学啊？这学校多好啊！

郝帅：好什么好！老师、同学全都看我不顺眼！天天挑我毛病！那破学校我是一天都待不下去了！

郝帅妈妈：啊？！他们怎么这么欺负人！儿子！你转学的事，妈包了！

郝帅：真的？！那我哪天能走？

郝帅妈妈：儿子，转学可不是一天两天就能办成的事！找学校，办手续……怎么说也得一个月吧。

郝帅：啊？那么久啊！

郝帅妈妈：不久，不久！着急也没用，反正妈都答应你了，你也不差这一个月。儿子，你能不能也答应妈一个条件？

郝帅：什么条件？

郝帅妈妈：从现在起，你得在班级好好表现，不能再惹是生非了！

郝帅：妈妈！不是我惹是生非，是他们都找我碴，针对我！

郝帅妈妈：我是说让你好好准备一下，在各方面都表现好好的，这样到了新学校，老师、同学问起来，你也可以堂堂正正地说，我是好学生啊！

郝帅：嗯，有道理。可是，那得多累啊！

郝帅妈妈：没事，妈帮你啊！要不然，人家还以为你是被原来的学校撵出来的呢！

郝帅：妈！你说得对！还是你对我最好！

郝帅妈妈：那当然了！走，妈给你做红烧肉去。（下台）

（音乐《我的未来不是梦》响起）

（郝帅写作业，郝帅影子从另一侧上台）

郝帅的影子：哎呀！别写啦！这是什么转学大计啊？还没转学，我就要累死了！

郝帅：嗯，是有点累！（思考）再坚持坚持吧！争取这次再得个A+！（写完）

郝帅影子：我不想学习了，咱玩游戏吧！

郝帅（思考）：先学完再玩！（继续写）

郝帅影子：完了！完了！学成书呆子啦！

第三幕　顿悟

（上课铃响，同学就坐）

朱老师：今天这节班会，我们要选这个月的飞跃奖。还是老规矩，我们先民主推荐。

张明：我想推荐郝帅。我觉得这个月他的进步最大，不像以前那么爱生气了。

王浩：郝帅在自习课上能一直认真看书，也不和别人说闲话啦。有一次我提醒他，他也没有狡辩。

周宇：我也推荐郝帅，他现在站排时纪律特别好。

李菲菲：我也想推荐郝帅，他现在上课再也不搞小动作了，也不欺负我、给我起外号了。

朱老师：大家说得都很好，我还想给大家展示一下郝帅的作业本，这是他以前的作业本（破，脏），这是他现在的作业本（干净，工整）。

张明：郝帅！你可真帅啊！

朱老师：那同意郝帅同学荣获飞跃奖的请举手。

（同学们一起举手）

朱老师：全票通过！（掌声通过）

郝帅影子（不好意思）：他们对我其实挺好的，是我自己多心了！只要表现好了，我的人缘还真不错！（开心）

朱老师：今天我还请来了一位特殊的嘉宾。（郝帅妈妈上场）

郝帅：妈妈！（起身，看向妈妈）

郝帅妈妈：同学们，你们好。我是郝帅的妈妈。今天我是来给郝帅办转学手续的。

所有同学（看向郝帅）：转学？

李菲菲：郝帅，你为什么要转学啊？

周宇：郝帅，你别走啦！

张明：阿姨，你别让郝帅走啦！我们舍不得他啊！

全体（围住郝帅）：郝帅，你别走啦！

郝帅：妈，我，我，不想转学了。

郝帅妈妈：真的？你不后悔？

郝帅：不后悔！我现在每天都特别快乐，我不想转学！（美滋滋的表情）

郝帅妈妈：孩子，既然你决定了，妈妈想送你一件特别的礼物。你看……

（屏幕呈现短信）

郝帅妈妈：

郝帅是个好孩子，平日的教育一定要有耐心，不能总激动。要引导孩子说出心里的想法与感受。——朱老师

郝帅妈妈：

郝帅的同学关系已有很大改善，你要多教他和同学们相处的方法，比如：生气时，先默数10个数；握紧拳头，深呼吸……——朱老师

郝帅妈妈：

孩子今天的课堂表现很棒，今天回家一定要好好问问，多多鼓励哦！——朱老师

刘娇娇：哇！郝帅，朱老师对你太好啦！

王浩、周宇、张明：郝帅，你可真幸福！

郝帅：原来朱老师一直都在关注我！（拿手机走向舞台中间）

（其他人谈论，羡慕，屏幕再次出现字幕）

郝帅妈妈：

现在时机已成熟。可以提转学的事情了。我想郝帅不会再想转学了！——朱老师

朱老师：郝帅，你不会怪我吧？

郝帅：不，朱老师，是您让我看到了之前我看不到的缺点。现在我学会了如何冷静处理问题，和同学友善交往，学习上也找到了好方法。是您的表扬和同学们的鼓励，还有妈妈的支持，才让我坚持下来。我要谢谢我的同学，谢谢我的妈妈，更要谢谢您，朱老师！

旁白：是啊，郝帅长大了！他学会了换个角度看问题。低头走路的人，永远在埋怨路上有太多的石子。昂首挺胸走路的人，才会看到灿烂的阳光！只要我们像郝帅一样看向阳光，未来会更加灿烂辉煌！

（剧终）

分享：

郝帅：剧中的我之前总希望别人替我着想，对别人的要求太过苛刻，才让我误以为所有人都跟我对着干，甚至有了转学的念头，差一点失去了我最亲爱的同学和关心我的老师。

老师：我们会看到总是抱怨的人，他们的生活一定不快乐，如果我们能换个角度看问题，你会发现世界其实很美好。

观众1：“经常微笑的人运气一定不会差”，我觉得这句话说的也是这个道理，当我们遇到困难的时候，应该学会冷静思考，而不是无穷无尽地抱怨。

观众2：人生不如意，十有八九，干吗非要用那些不如意一遍一遍折磨自己呢？自怨自艾，只能让你落入深渊，摆脱抱怨，换一个角度看问题，也许就能拨云见日。

老师：在我们的日常教育中，除了应该教会同学们如何成为一个成功的人，还应该教会大家怎样成为一个幸福的人。摆脱生活中的一些负面情绪，是我们走向幸福的第一步。

第八章

初中心理情景剧

一、网络游戏，请走开

（一）背景

初中生王宇曾是一名品学兼优的好学生，后来由于网络游戏的诱惑，他变成了网瘾少年，随之而来的便是父母与老师的责骂。苦恼的他不知道该怎么办才好，在心理咨询中心老师的帮助下，他认识到了网络游戏的危害性，决心戒除它。

主角：王宇

辅角：陈沉、肖云、妈妈、老师、心理老师

（二）故事场景

旁白：王宇是初二学生，一年前，他怀着雄心壮志踏入中学的校门，课堂上的出色发挥曾无数次打动同学、老师的心……可是一年后的今天，他却迷失了自己。究竟是什么原因酿成这样的悲剧呢？让我们从头说起。

第一幕

陈沉：唉……上了一天的课，真够累的。（伸个懒腰）放学了，去哪儿玩会儿啊？

肖云：这话问的，当然是去网吧了。我家附近新开了一家网吧，网速特棒，走，去玩《传奇》去！

王宇：上网？你们找死啊！最近学校严抓上网，被抓到可是要记过的！

陈沉：哎呀，我们怎么能和你这个好学生比啊，我们都无所谓。再说了，

脱了校服谁知道你是哪个学校的，老师能记住谁啊？

肖云：就是，我们去那么多次了，还没出过什么事呢，又没让你去，少管闲事。（看向陈沉）别理他，咱们走！

（陈沉、肖云走向网吧，王宇自己回家）

第二幕

王宇：妈，我回来啦！

妈妈：洗洗手，准备吃饭吧，马上就好了，对了，这次期中考试怎么样？

王宇：这次还是第一，老师说我成绩很稳定！

妈妈：真棒！真是我的好儿子！

王宇：那个，妈……跟你商量个事呗，我想买电脑……

妈妈：电脑？不行，买了电脑之后你就不好好学习了，成绩下降了怎么办？

王宇：可是我班同学好多都有电脑，而且我不会玩太久的，我会控制好时间。

妈妈：不行，现在答应好好的，到时候就不一定遵守时间了。电脑你就别想了，乖乖学习，考个重点高中，再给你买。

第三幕

旁白：王宇买电脑的要求被拒绝后，心情很不好，看着同学们天天讨论游戏的场景，十分好奇，又十分羡慕，因为不会玩游戏，经常被同学嘲笑，并称他为“书呆子”，他觉得有必要摆脱这个绰号，于是他来到网吧门口。

【注】以下部分运用的是心理情景剧中的独白技术，独白是指主角直接面对观众说话，表达一些观众不能觉察的感受和思想，凸显主角内心的想法和挣扎。

王宇（独白）：哼，让他们瞧不起我，我今天一定要知道《传奇》是什么，争回这口气！可是要是被爸妈知道了该怎么办，他们肯定会骂我的……不行，不进去的话我以后还是会被同学们瞧不起，还是进去吧……要是被老师抓住了呢？后果不堪设想啊！哎呀，管不了那么多了，玩半个小时就出来。

（王宇开了一台机器，开始玩《传奇》，聪明如他，王宇很快就上手了）

王宇（独白）：电脑游戏还真是好玩，怪不得他们总是来网吧。不过，他们也太笨了，那么久才升级，还是我聪明，看来我是游戏天才啊！这游戏给他们玩都浪费了，不就是《传奇》嘛，根本难不倒我，哼，看他们以后还瞧不起我！（看表）哎呀，都过了2个小时了！不行，得回家了，明天再继续吧，估计要被老妈骂了……

旁白：王宇回家编了个理由，混过父母的盘问，那是他第一次说谎，感觉很是愧疚，但网络游戏的诱惑实在是太大了，以致后来总是找借口向父母要钱，成了网瘾少年，回家越来越晚，上课也不认真听讲，学习成绩明显下滑。这天，老师找到了他。

老师：王宇，最近怎么了？看你上课状态不好啊。

王宇：没怎么啊，我挺好的！

老师：你最近上课经常不注意听讲，而且成绩下滑得很厉害，你没发现吗？之前你一直是咱班的前三名，现在已经到20多名了，你能解释一下成绩下滑的原因吗？

王宇：可能复习得不太好吧。

老师：我觉得原因不是这么简单吧？我已经在网吧门口看见你好几次了，你以前可是不会去网吧的，现在成了常客，再这样下去你的学业可就要耽搁了。

王宇：没这么严重吧，没关系，只要不是最后一名就行了。

老师：你最初的目标应该不是这么低吧？看来我有必要和你家长沟通一下了，你先回去吧。

第四幕

（家中）

妈妈：你还知道回来啊？是不是又去网吧了？

王宇：没有。

妈妈：还说没有，今天你们老师给我打电话了，说你最近经常去网吧，学习成绩都下降了，我说你最近怎么总要钱，原来都用来上网了，爸妈挣钱容易吗？我们挣钱可不是给你上网用的，你怎么……

王宇：还不是因为你不给我买电脑，如果你那时候给我买电脑的话，我现在也不至于这样！（回自己屋，锁上门）

妈妈：王宇！你怎么跟妈妈说话啊！你还有理了？气死我了！看我以后再给你钱的！

旁白：自从这天以后，王宇总是被老师和家长联合教育，让他苦不堪言，老师和家长的话倒也让他有点感触，但是网络游戏的诱惑实在太大了，他控制不住自己，在矛盾痛苦中，他找到了学校的心理老师。

心理老师：王宇同学，你好，有什么事需要老师帮忙吗？

王宇：嗯……心情不好，最近总被妈妈和老师批评，简直烦死了！

心理老师：她们因为什么事批评你呢？

王宇：因为……因为我去网吧上网。

心理老师：原来是这样，她们觉得你现在应该以学业为主，不应该上网，对吗？

王宇：对……可是我去上网是有原因的。

心理老师：什么原因呢？

王宇：我其实学习一直都不错，可是因为不会电脑游戏，经常被同学嘲笑。我想让妈妈给我买电脑，可她不同意，说买了电脑，学习成绩就会下降，怎么都不给我买，如果当初买了的话，可能我现在也不会常去网吧。

心理老师：也就是说，你觉得你之所以会去网吧，是别人造成的，是吗？

王宇：嗯……应该也不是吧，也是我好奇电脑游戏到底是何方神圣，怎么会有那么多人沉迷于它，结果我也迷上了。

心理老师：那你现在想要我帮你什么呢？

王宇：我想戒掉网络游戏，但是我自己戒不掉，所以，我想找您帮忙。

心理老师：你是自己自愿想要戒掉网络游戏吗？

王宇：其实我不是很想，网络游戏真的挺好玩。

心理老师：那你今天来的目的不就不明确了吗？

王宇：所以我想来明确一下。

心理老师：你是说，你不清楚是否应该戒掉它，所以想让我帮你判断一下？

王宇：是的。

心理老师：我想此刻你的内心应该有很多话想要说吧，现在把你眼前这个舞台当作你自己的小天地，你可以尽情诉说自己的不满或疑惑，那边也有一些道具，你可以随时使用。

王宇：好的。

（主角站到舞台上，面向观众）

心理老师：你最近的状况是怎么样的？

王宇：我最近……总是去网吧上网，耽误了学习，成绩一落千丈，妈妈经常骂我，而且她最近也总向我发脾气，老师也找我谈了好几次话，但是还是抵制不了网络游戏的诱惑，只要一放学，我就立刻和同学飞奔到网吧。

心理老师：你以前不是这样的吧？

王宇：当然不是！我以前是同学和老师眼中的好学生，知道学习，成绩也很好。

心理老师：那你为什么会变成现在这样呢？

王宇：因为同学的嘲笑，说我赶不上时代，连电脑游戏都不知道，实在是太落伍了，经常受到他们的奚落。有一次，我又被他们嘲笑了，恰好那次考试考得很好，回家和妈妈说了成绩之后她很高兴，于是我就趁热打铁，希望她可以给我买台电脑。可是，妈妈却直接拒绝了，还把我说了一顿，说什么买了电脑就不会好好学习了，成绩就会下降……可是现在，我却变成了天天流连于各个网吧之间的学生，回家晚了，天天上课也没精神，脑中想到的都是游戏画面，我已经没办法静下心来听课了……

心理老师：你觉得你现在这样的状态是你想要的吗？

王宇：这样的快乐是我从来不曾有过的，一直以来都听妈妈和老师的话，这次我尝到了别样的快乐，我真得很开心……

心理老师：那你有没有想过，倘若你现在持续这样下去，以后该怎么办？我先问你个简单的问题，如果你没有钱上网了，怎么办？

王宇：先找同学借呗。

老师：在所有人都不帮你的情况下，你首先想到的办法是什么？

王宇：嗯……（犹豫思考中，突然眼前一亮）我去抢小学生的钱……（话音刚落，自己有点震惊，却已说出口，看向老师）

心理老师：真的吗？你要是这么做，你的前途该怎么办？有第一次就有第二次，这属于犯法，你要想清楚后果。

王宇：我……

心理老师：如果被抓住了，你这一生就毁了。有这样的人生污点，你觉得，你以后还怎么生活？

王宇：我想想……（自言自语）我怎么会想到这样的办法？难道我现在已经无药可救了吗？是啊，您说得对，如果被抓住了，那该怎么办？不，就一次应该没有问题，我会铤而走险的，可是，万一很不幸呢，我该怎么办？（拿起旁边的玩偶）你说说，我该怎么办？我不想这么年轻就被抓走啊，这样我以后岂不是一直背着这样的污点生活吗？我不想这样，我不想……

心理老师：王宇，现在还来得及，还没有犯错误，你不用太伤心。现在，你已经想通了，不会犯错了，该知道怎么做了吧？

王宇：嗯，老师，我知道了。我决定了，要努力戒掉网络游戏，在还没有太糟糕之前，我还是要完成我的学业，不能再让妈妈和老师为我担心了，我得尽快调整过来，争取考个好大学，以后报答父母！

（剧终）

分享：

老师：对于王宇同学的这种情况，大家有没有什么想说的呢？

观众1：一念之差太危险了，稍有不慎，就有可能跌入万丈深渊，再也不能回头，看来做事前一定要思前想后考虑清楚再行动。

观众2：我也喜欢玩网络游戏，从来都没有想过最后会是这样的可怕结果，今天我明白了，网络真的会让一个人迷失，我不能再继续沉迷网络游戏了，一定要适度，控制自己，不让家长操心。

观众3：网络游戏真的是一把双刃剑，只要不迷失自我，我觉得少玩一点放松一下还是可以的。但一定要控制好自己，不可以被网络游戏所诱惑，这对于我们没有任何好处，只能阻碍我们的身心发展，以后真是要慎重啊！

观众4：我作为一名家长，觉得在网络游戏的问题上家长也有一定的责任，如果和孩子及时进行沟通，并且真诚互动的话，我相信孩子也能理解家长的用心，家长平时也应该多关心孩子，像剧中，如果家长对孩子多加了解，就会及时发现孩子的反常之处，及时解决，也不会让孩子沉迷于网络了。

老师：大家的收获看来都很大，希望家长们多和孩子沟通交流。也希望同学们认识到网络游戏的危害性，安排好上网时间，不要沉迷于网络！

【本剧本参考高思刚，《中小学校园心理剧》，福建教育出版社，2008，并在此基础上进行了补充和完善。】

二、我的青春与谁做伴

（一）背景

小乐和小林是同班同学，也是一对好朋友。在一次考试中，小乐不会做题，问了小林，但小林不予理睬。小乐很不高兴，在回家路上遇到小混混继杰，继杰挑唆小乐和他一起玩。小林几次想找小乐解释和好，但都被继杰阻挠。小乐考试成绩不好，被老师批评，回家后又挨了妈妈的教训，从此破罐子破摔，和继杰混到一起。后来，继杰找小乐帮忙打架，小乐被学校处分，继杰也被送往工读学校。此时，小乐才意识到自己交友不慎，但小林已经转学走了……

主角：小乐

辅角：小林、继杰、老师、妈妈、同学

（二）故事场景

第一幕

旁白：每个人都需要朋友，但不同的朋友对我们的影响不同。下面，我们来看看小乐的故事。小乐和小林是同班同学，也是一对好朋友。现在同学们在考试中。

（老师在监考，绕着学生走来走去，同学们在认真地答题。这时小乐碰到了难题，想了半天还是想不出，心情很紧张。他瞄了一眼小林的考卷，又碰了碰小林，希望从他那里得到答案。可是小林没有帮他……下课铃声响起）

老师：时间到，收卷！

（同学们陆续交卷，小乐赶紧在考卷上胡乱写了答案）

老师：小乐，快点交卷，你还在写什么！

（小乐只好交卷了。小林交完卷，找到小乐）

小林：小乐，你听我说……

小乐：你关键时候不帮忙，现在说有什么用！算什么朋友，还有什么好说的！

（小乐把笔一摔，走了）

第二幕

旁白：考砸了的小乐急躁地走在路上。

（小乐边走边踢石子）

小乐（自言自语）：完蛋，这次考砸了，怎么办？回去要吃“竹笋炒肉丝”了。最可恶的是小林，竟然不给我看考卷，气死人了！

继杰：喂，怎么了？

小乐：哎，好久不见了！

继杰：怎么了，心情不好啊？

小乐（低着头）：唉，考试没有考好！

继杰：这有什么！考好又有什么用！

小乐：考不好的话回去会被爸妈骂！

继杰：爸妈有什么好怕的。

小乐（吃惊地看着继杰）：你以为人人都像你一样啊！

继杰：不会做题不会看一下同桌啊？

小乐：不提不要紧，一提就更气了。还说是我的好朋友呢，关键的考试中我要看他的答案，他却不给！

继杰：朋友就该两肋插刀，关键时刻决不含糊，他那种人还算什么朋友？绝交算了！走，请你喝饮料去！

（继杰拉着小乐走了）

第三幕

旁白：这一节是自习课。

（小乐在和同学讲话，小林提醒他，他却不理。老师走进来，全班安静）

老师（生气地）：你们在干什么？班级里怎么这么吵？班干部也不管一管，小林！

小林（委屈地）：我有管啊，他们不听！

老师（严厉地）：好，是谁在吵，站起来！（没人站起来）小林，你说！

小林（支支吾吾）：刚才有很多人都在吵。

老师（追问）：那总有人声音最大。

小林：我写作业，没留意。

老师：到底是谁？快点说！

小林（过了好一会儿，最后小声地）：是小乐。

（小乐白了小林一眼）

老师：小乐，你刚才在做什么？这是自习课，不是下课时间！你到我办公室来一趟！

（有些同学在小声议论小林）

第四幕

旁白：小乐磨磨蹭蹭地来到办公室。

小乐：报告。

老师：进来！

老师：坐！我最近听说你和高年级的一个叫继杰的混在一起，我也好几次看见你和他走在一起，他可不怎么样啊！经常逃课，学习成绩差，还经常和校内、校外的同学打架。

小乐：我和他一起只是打球、聊天而已，又没做什么。

老师：但现在你已经受到他的影响了。

小乐：哪有啊！

老师：当局者迷，旁观者清啊！看看你现在的成绩退步这么多，还说没有受到他的影响！

（小乐想说什么却没有说出来，低着头）

老师：我想有必要和你的家长联系一下，你先回班级去吧！

第五幕

旁白：被训后的小乐心情很不好，到操场和继杰打球。

继杰（玩着球）：刚才那个三分球怎么没进？太可惜了！

小乐：我刚才被老师训了，心情不爽。

继杰：老师都这个样子，抓住谁训谁，你不要理她！

（这时，小林走了过来）

小林：小乐！

小乐：你来干吗？

（继杰在旁边问小乐这是谁）

小林（吞吞吐吐地）：我是想向你解释一下上次的事情。

小乐（激动地）：有什么好解释的！要不是因为你，我考试不会考得那么差，我上课讲话也不会被老师知道……

继杰（站到小林面前，用球砸向小林）：喂，就是你欺负小乐？

小林：哪有？！我那是为他好！

继杰：为他好，你还害他被老师训？

小林：那他和你在一起有什么好处？

小乐：你们不要吵了！

继杰：你管得着？他愿意！

小林：我们的事情不用你管！

小乐（犹豫了一下面对小林）：我和你没什么好说的了。（对继杰）继杰，我们走！

（继杰撞开小林，带着小乐从小林面前走过）

第六幕

旁白：晚上，小乐回到家。

（小乐正在吃饭，妈妈看着小乐）

妈妈：小乐。

小乐：什么事？

妈妈：你今天是不是被老师叫到办公室去了？

小乐：没有！

妈妈：什么没有？刚刚我都跟老师通过电话了，她说你最近成绩下降，不交作业。而且老师还说，你跟一个高年级的叫继杰的混在一起。

小乐：他是我朋友。

妈妈：你怎么交这种狐朋狗友？

小乐（打断妈妈的话）：你不要这样说我朋友！

妈妈：还朋友呢，你懂什么！我听老师说，他经常逃学、打架，成绩还倒数第一，这样的朋友我们不能交！

小乐：我又没做什么坏事。

妈妈：还说没怎么样！你的成绩下降那么多，难道不是他影响的吗？

小乐：够了！（把筷子一摔）你烦不烦？（直接走回了房间）

妈妈：小乐！（看着小乐关上房门，长叹一口气）

第七幕

旁白：小乐回到房中，想起近来的事情，自言自语。

小乐：那些大人真是脑子进水了，交朋友也要管。继杰是有很多的缺点，但他对我是很好的，何况我又没有和他去做坏事。

（电话铃响，小乐妈接电话）

小林：喂，阿姨，请问小乐在不在？

妈妈：哦，小林啊，最近怎么没看到你和小乐在一起玩啊？

小林：哦，没有，最近学习比较忙。

妈妈：哦，你找小乐是吧，你等一下。小乐……接电话！

（小乐出来接电话）

小林：喂，小乐，你最近好像老跟继杰在一起。

小乐（不屑地）：怎么了？

小林：你不要再跟他在一起了！跟他在一起是没有好处的……

小乐：我的事不要你管！你还有什么事吗？没有我就挂了！

小林：嗯……

（小乐挂了电话，郁闷地躺在床上。一会儿，电话又响起来，小乐抓起话筒）

继杰：喂，小乐，你在干吗？出来玩吧！

小乐：不行，作业太多了，没有时间。

继杰：作业可以晚点写嘛！出来吧，带你去个好玩的地方！

小乐：可是……

继杰：快点，我在楼下等你！

小乐：嗯……好吧！

旁白：从此以后，小乐经常和继杰出去玩，成绩也持续下降，终于有一天……

第八幕

（小乐和继杰走在路上）

继杰：昨天有个人骂了我，我想去“修理”他，你和我一起去吧。

小乐：啊？修理？要打架啊！（担心地）不会出事吧？

继杰（不屑地）：哼……你看我打了这么多次架，我出什么事了？没事啦，走！

（两个人找到那个学生，把他打了一顿）

第九幕

（小乐和继杰低着头接受处分）

旁白：打架事件发生后，继杰因多次违反校纪，被送去了工读学校，小乐被警告处分。这时，小乐才开始后悔。他想起了小林，那个曾经和他很要好的小林，那个因为自己一时意气而分手的小林。小乐知道，小林在不久前因为家庭原因转学了，那青春的友伴与曾经的友情已经找不到了……

（剧终）

分享：

老师：在同学中经常发生这种考试时朋友帮忙的情况，你们怎么看？

观众1：这种事情是应该杜绝的。考试是要考查平日里的学习情况。同学们可以选择课下一起努力，要端正态度，不能投机取巧，害了朋友。

老师：在你们看来，什么才是真正的朋友？

观众2：相互帮助，相互支持。对彼此都有积极影响，才算是良友。在青春期应该谨慎交友，而不是盲目堕落。君子之交淡如水，小人之交甘若醴；君子淡以亲，小人甘以绝。朋友志同道合，交往光明磊落，而狐朋狗友往往一呼百应，然而混到最后才发现不仅友谊没有了，其他的美好也都遗失了。

老师：同学们讲得都很好，你们所处的这个年龄段，有非常强烈的友谊需求，不同的朋友圈会对你们的学习、生活及心理发展产生不同的影响。为此，我们要树立正确的择友观，培养自己良好的人际交往能力。

【本剧本参考高思刚，《中小学校园心理剧》，福建教育出版社，2008，并在此基础上进行了进一步的补充和完善。】

三、心灵的邂逅

（一）背景

苏檬在学校的抽屉里发现了一封没有署名的情书，知道有人在默默地欣赏自己，她很开心。不料，这封情书被打扫房间的妈妈看到了，在家里引起了轩然大波。因为一时赌气，苏檬和写情书的男孩萧遥谈起了“恋爱”。苏檬的妈妈反省了自己的过激反应，和苏檬敞开心扉进行了交流，让苏檬开始理智地思考自己真正想要的是什么，最终与萧遥恢复了同学友谊。

主角：苏檬（女）

辅角：萧遥（男）、妈妈、爸爸

（二）故事场景

第一幕

旁白：一天清晨，初三（8）班教室里，萧遥偷偷跑到苏檬的座位，把什么东西塞进抽屉里，望望四周，跑开了。

苏檬（坐到座位上）：今天来得真早，早知道多睡会儿。（发现抽屉里有一封淡蓝色的信）咦，这是什么？好漂亮的信封啊，还有清香味呢！会是谁给我的呢？今天好像不是我生日……（展开信纸，脸色渐渐变了，手也在微微颤抖着）

萧遥（画外音）：在我心里你是夜晚最美好最闪耀的一颗星，我愿一直和你在一起！

苏檬：这会是谁呢？哎呀，我在想什么呢！可是到底是谁呢？不过，无论是谁，可以肯定的是有人喜欢我了！（连忙端正坐姿，她可不想让爱自己的人失望）

第二幕

（苏檬回家后，把情书夹在日记本里）

【注】此处运用的是心理情景剧中的独白技术，独白是指主角直接面对观众说话，表达一些观众不能觉察的感受和思想，凸显主角内心的想法和挣扎。

苏檬（独白）：好了，就让它变成一份珍贵的记忆吧！这也算是对我的一种肯定吧！也许我老了以后还会想起今天呢！但让我现在就去尝试这样的感情，我不想，也不愿意……（灯光渐隐）

旁白：一天下午5点，苏檬的卧室里。妈妈正在一边收拾苏檬的“狗窝”，一边听广播里一个教育专家的讲座：“青春期的女孩子容易禁不住‘苹果’的诱惑，不等‘苹果’成熟就去采摘，后果是不堪设想的……”

妈妈（自言自语）：亏得我们家苏檬长得不出众，要不然……（突然，妈妈的眼睛瞪得比牛眼还大——苏檬的日记本里掉出一封信，天蓝色的信封十分漂亮。妈妈随手拾起信读了起来。读完信，拿着抹布就手舞足蹈起来，在屋里原地转着圈，然后坐在床头想象那个男孩的样子）我女儿总算等到她命中的白马王子了！终于有人认可我们家苏檬了！

（广播不失时机地继续说：“作为家长，必须正确引导孩子，选择正确的方法告诉他们‘苹果’尚未成熟……”妈妈心里一惊）

妈妈：哎呀！完了，女儿要真陷进去就完了！还有一年就中考了，这可怎么办呀？（又看看信）这男孩真是的，写情书都不署名，让我找都找不到，这可不好办呀！找老师会不会吓到苏檬？还是找她爸商量商量吧！要不，我今天晚上就找她谈谈。我们苏檬那么听话，肯定会听我的。

第三幕

旁白：晚上10点，苏檬家的客厅里。苏檬的爸爸晚上刚进家门，就被妻子叫住。

爸爸（不耐烦地）：太累了，我必须睡觉。（说着，准备往床上躺）有事明天再说。

妈妈：哎哟，这大事你可得做主哟！我哪敢不告诉你？

爸爸：哼，能有何大事？一定又是买菜的时候小贩缺斤少两了吧！你省省心，我在工作挣钱，在尽力管理好公司，没工夫管这些事！谁像你，天天在家打扫房间，然后就是做饭，不就是一个家庭妇女吗？

妈妈：哼，你总是瞧不起我，我在家不也是为了能让你安心工作吗？我在家，你放心了，你在外面，我可不放心呢！哦，对了对了，言归正传，我今天看到苏檬日记本里夹了一封信。

爸爸：我们苏檬交笔友你也管？

妈妈：不是一般的书信，是情书。

爸爸：你还看她的信了……什么，情书？（拍案而起）

妈妈：是啊，我不知道该怎么办，才问你的。

爸爸：这孩子，才几岁就谈朋友，看我怎么收拾她！

妈妈：你别冲动嘛，青春期孩子对异性充满了好奇，你也是过来人。我们是跟孩子谈谈，还是在一旁静观其变，让孩子自己去面对？

爸爸：我看，棍棒底下出孝子。教训她一次，下次她就不敢了。

妈妈：你外行啊？真不知道你怎么走过青春期的！青春期逆反心理很重

的，千万别激起她的逆反心理。

爸爸：我们还怕她？新鲜了！（说着话，拿起鸡毛掸子想去苏檬房间）

妈妈（拉住丈夫）：你小声点，苏檬都睡了！我还是不跟你说的好，你那么冲动。

爸爸：我不也是为孩子着想嘛！成，我放手，你管！你弄不好我就上了，绝不留情，看她下次还敢！

妈妈：你这人，真是！

第四幕

旁白：第二天下午放学后，苏檬家客厅里。

苏檬（推开门）：妈妈，我回来了！

妈妈：今天怎么这么晚？

苏檬：老师不是补课嘛！

妈妈：不是和别人出去玩了？

苏檬：妈，您什么意思？

妈妈：我什么意思，你可是越来越潇洒了啊！（拿出信）这是什么？

苏檬：妈，您翻我东西！

妈妈：我不翻还不知道你这么有出息呢！

苏檬：那东西关我什么事？

妈妈：不关你的事，你为什么不扔了？还这么宝贝似的放在本子里！

苏檬：那是别人给我的。我想怎样就怎样！

妈妈：是啊，你小小年纪都开始收情书了，可不是想怎样就怎样了！

苏檬：妈，您有病吧！

妈妈：哼，我有病？是，我在家给你准备吃的准备穿的，你爸也整天风里来雨里去辛辛苦苦地挣钱，让你有好的学习环境，为你上大学攒钱。好嘛，你在学校竟谈恋爱，我可不是有病吗？！我还告诉你，我们都有病！你明天就把这东西给我送回去！你不去我去！反了！

苏檬：哼，（冷笑）您要我怎么办？那是匿名信！

妈妈（气急败坏）：我不管，你送回去。要不然我上你们班挨个问！我就不相信我还管不了你了！你不想着好好学习，想这事，休想！（说完，怒气冲冲地进屋去了）

苏檬（小声嘟囔，踢椅子）：死封建！（转身进了自己的房间）

第五幕

旁白：晚饭后，苏檬赌气进了房间，爸爸妈妈又在一起讨论。

爸爸：你不是说要好好跟她说吗？

妈妈：我一下子没控制住情绪。

爸爸：我看还是上鞭子好。

妈妈：你别，我能说服她的。

第六幕

旁白：第二天，苏檬看到铅笔盒里有一片玫瑰花瓣。花瓣下有张字条："中午门口的绿叶谷见面。"苏檬昨晚的余怒未消，立刻决定去赴约。中午，苏檬到了绿叶谷。

（萧遥手里捧着一个精致的礼品盒，红着脸站在那里。苏檬大大方方地走过去，拍了他一下）

苏檬：是在等我吗？

（萧遥羞涩地点了点头，犹豫了一下，不太明显地做了个请进的动作，与苏檬一起进了绿叶谷。点完东西，萧遥把礼品盒推到了苏檬面前。苏檬边说谢谢边打开盒子，一串可爱的风铃叮咚作响）

苏檬（十分惊喜）：你怎么知道我想要这个？

萧遥：那次跟大家一起出去玩的时候，你指着这串风铃说好可爱，又买不起。所以……

（苏檬心里涌起一股暖意，不再说话，只是轻轻吮吸着手中的薰衣草茶。萧遥也不再说话，似乎在给自己鼓劲儿）

萧遥：做我女朋友好吗？

（苏檬一惊，手明显地抖了一下，眼睛睁得大大的，正吸着的饮料也呛了她一口）

旁白：苏檬突然想起妈妈昨天说的那句"我就不相信我还管不了你了"！

（于是，苏檬对萧遥毅然地点了点头，两个人的手牵到一起）

第七幕

旁白：半个月后，妈妈发现苏檬竟真的谈起了恋爱，她意识到必须和女儿好好谈一谈了。

妈妈：妈妈想了好久，那天的确不该翻你的东西，妈妈应该尊重你的隐私权。可这也是因为妈妈关心你呀！作为你的妈妈，我有责任保护你、引导你。虽然方法欠妥，但是妈妈也要郑重向你道歉，希望你能原谅。

苏檬：那您必须保证以后再也不翻我东西了！

妈妈：可以。但你也得保证和那个男生保持普通朋友关系。

苏檬：凭什么？我们在一起有什么错吗？

妈妈：你们现在还太小，根本不懂什么是真正的爱情。现在去尝试爱情最后会像吃青橄榄一样苦涩的。树上的青苹果很漂亮，很诱人，吃到嘴里却很涩，很酸。但如果苹果成熟了，就是甜美的了。你现在正处在学习的重要时期，为了你以后的前途，应以学习为重。你不是想当医生吗？这需要下很多苦功的。这些道理你都懂，对吗？你自己想想吧！

旁白：苏檬坐在那儿，回想着妈妈说过的话，她想到自己因恋爱可能耽误学习，以后没有办法实现自己的梦想，想象着自己沉痛地拿着成绩单看着上面大大的错号痛哭，然后所有人都离去了，自己怎样都无法追上。

苏檬（沉吟许久）：妈，我会跟萧遥说清楚的。我分得清轻重。

妈妈：噢，那个孩子叫萧遥？蛮帅的名字！人长得怎么样？

苏檬：还好啦！妈，你居心不良！

妈妈：别瞎说！妈都一把年纪了……记得跟萧遥好好说啊！这个对于他可能真是个打击呢！

苏檬：成，我知道了！

第八幕

旁白：第二天下午放学后，校门口。

萧遥：苏檬！

苏檬（低着头，小声地）：咳！

萧遥：怎么心情不好？

苏檬（犹豫了一下，还是说不出口）：没什么，我没事。

萧遥：那就好！我们一起走吧，我送你回家！

（苏檬点头，二人漫步在回家的路上）

旁白：看着越来越近的家门，苏檬停住了脚步。

苏檬（下定决心似的，不看萧遥的脸，艰难地开口）：萧遥，你知道我的理想是当一名医生吗？

萧遥：医生！很好啊！很适合你呢！

苏檬：离中考只剩下半年了，这次的考试对我很重要，我没有时间也没有精力，去同时面对考试和……你。

萧遥（愣住）：苏檬……

苏檬：我妈看见了那封信，当时她骂了我一顿。但昨天她向我道歉了。说她不该翻我东西，也不该乱发火。她还说，我们还太小，现在在一起恐怕也不会有什么结果。还有，我们应该好好学习。我想，也许她说得对……

萧遥（气愤地转头，努力地平复内心的激动）：这是你自己的意思还是……

苏檬（坚定地看着萧遥）：是我自己的意思！

萧遥（沉默了好一会儿，小声地）：如果因为我的缘故，让你没考上理想的学校，你会怪我的吧？

苏檬（坚定地）：我会怪我自己。

萧遥（自嘲地苦笑着）：我还能说什么呢！还是朋友吗？

苏檬（真诚地）：最好的朋友！

萧遥：再见。

苏檬：再见。

旁白：萧遥目送着苏檬的背影，一个很瘦小的背影，爱一个人并没有错，错的是时间。

第九幕

旁白：半年后，初三（8）班的毕业晚会上。

苏檬：今天，我想请我的一位好朋友来和我一起唱这首歌。有他的理解和支持，我才能考上理想的学校。（向萧遥）谢谢你，萧遥！

（萧遥上台，合唱《朋友》）

（剧终）

分享：

老师：现在同学们正处在这种懵懂的感情变化阶段，对此你们怎么看呢？

苏檬：我觉得我们正处于青春期，生理和心理上都有了显著的变化，自我意识增强，独立性提高。这个年龄段的我们喜欢交朋友，对异性感到好奇，对异性有自然的吸引力。同时，我们也有了自己对事物的评价标准，希望得到他人的尊重。

老师：作为家长，应该怎样采取行动呢？

家长：处在这个年龄段的孩子有了独立的意识和自我价值保护的需要。如果一味窥探孩子的隐私会让孩子愤怒，不妨采取温和的态度一同探讨。因为孩子更想被当成大人，用理解的态度去引导，会让他们更加懂事。家长或老师的激烈批评反而可能激发他们的逆反心理，导致故意与家长或老师对抗以显示自己的自尊和独立。

老师：作为父母，我们要正确理解孩子的情感，要善于抓住孩子因早恋表现出的不安、悔恨、疑虑、寻求情感依附以及显露“探秘性”的情感，给予孩子更多的家庭温暖和关怀，增加家庭吸引力，消除孩子向外寻求感情寄托的失助心理。同时要晓之以理，在遇到孩子早恋时，无论情况多么糟糕，都不要大喊大叫，训斥打骂，而是克制自己，保持沉着、冷静，以机智、诚恳的态度去对待。

注：此剧的受众是学生和家长，剧中的家长角色由真实的父母出演。

【本剧本参考高思刚，《中小学校园心理剧》，福建教育出版社，2008，并在此基础上进行了补充和完善。】

四、心中的孤独

（一）背景

现如今，大人们的工作越来越忙，似乎总是无意中就冷落了自己的孩子。因为加班，没有办法陪孩子吃饭，因为应酬，没有办法陪孩子出去玩，而孩子们只能默默承受着父母总不在身边的孤独。我们的主人公莫莫，就是这些孤独的孩子们中的一个，脆弱的心总是承受着冰冷的寂寞，偏偏这时，又把自己的友谊“送”走了，她到底该怎么办呢？

主角：莫莫

辅角：欣欣、小可、乐乐、妈妈、爸爸、老师

（二）故事场景

旁白：莫莫是一个家境非常好的孩子，学习成绩又特别棒，在同学眼中永远是最亮丽的那一个。人人都以为她很幸福，而光环的背后却是诉说不了的辛酸，羡慕别的同学有父母陪着玩，羡慕别的同学父母给买新衣服，甚至还羡慕别的同学被父母骂，因为对于她而言，见父母一面都是一种奢望，那么用功学习，考好成绩，仅仅是为了让父母开心，好多陪陪她。可惜，无论怎样，她的父母依旧很忙，无暇顾及她，她心中分外孤独，却无人可以理解……

第一幕　公布成绩

老师：马上下课了，剩下一点时间我说一下上周的数学考试，今天上午考试成绩下来了，我先公布一下成绩！

（下面的同学们都有些紧张）

老师：欣欣，80分，小可，85分，莫莫，98分，乐乐，65分……（陆续公布完了全班的成绩）莫莫同学是第一名。这次的数学考试总体来说考得不错，但是，有个别同学成绩下滑很严重，等下课把试卷发下去后要好好找找原因，看看那些题为什么会做错，是马虎还是真的不会，也有许多同学有了进步，进步的同学要继续努力！（下课铃响）下课！

（同学们陆续拿到试卷）

欣欣：我看看，怎么会错那么多题呢？（检查试卷）哎呀，竟然这么简单的题都错了，看来我真是太马虎了。

小可：唉，错的这两道题就是我拿不准的题，太难了，根本不会嘛，等找时间问问老师吧。

莫莫：这次总算考得还可以。

乐乐：莫莫，你别这么说好吗？98分叫还可以，那我的65分怎么见人啊。（愁眉苦脸状）晚上又要被“男女混合双打”了。数学怎么这么难啊！（看试卷，发现好多不会的）唉？莫莫，这道题怎么做啊？

莫莫（轻蔑地）：这么简单的题都不会，你怎么这么笨啊，给你讲题都掉我智商！（说罢走出教室）

小可：莫莫怎么说话呢，不就是考了第一嘛，有什么了不起的，不就问她个题嘛，至于那样吗？乐乐，咱不听她的，我帮你看看我会不会。

乐乐：好吧。

第二幕　空屋

旁白：莫莫放学回到家里，家中仍旧是那么冷清，空无一人的屋子让莫莫叹了一口气，将书包放下，抱着一丝希望走到电话旁，拿起话筒，开始给父母打电话。电话好久才接通。

莫莫（开心地）：妈妈，我这次数学考试考了第一名呢！今天晚上咱们吃什么……

妈妈：莫莫，今天晚上妈妈回不去了。冰箱里有点吃的，你用微波炉热一下吃吧，不想吃就叫外卖吧。好了，妈妈还要加班，先挂了啊。

（电话里传来忙音，莫莫失望地挂了电话，又满心期待地打给爸爸，电话很快接通）

莫莫：爸爸……

爸爸（打断莫莫）：哎？莫莫啊，今天我有个应酬，可能会很晚才回去，晚饭就自己吃吧，爸爸还忙，先挂了啊。

（电话里又传来了忙音，莫莫难过地挂了电话）

第三幕　争吵

旁白：第二天早上，大家兴致勃勃地在聊天。

欣欣：看，昨天我妈妈给我新买的裙子，好看不？（转一圈）

小可：真漂亮，很适合你呀！昨天晚上我和爸妈去了咱学校附近那家新开的饭店，特别好吃！下次你们也可以去尝尝！

欣欣：好啊！

（这时乐乐走进教室，闷闷不乐的样子）

欣欣：哎！乐乐，你怎么了？垂头丧气的，这可不是你的风格啊！咦？你这脸怎么还挂彩了？

乐乐：唉，又被“男女混合双打”了呗……真是命苦啊！

小可：欣欣，这次你比上次进步了好多呢，你爸妈是不是夸你了？

欣欣：别提了，本来以为这次不会被爸爸妈妈说了，我都比以前进步了，可他们还是不满意，一直在唠叨，唉，我到底怎样他们才会满意啊？

小可：不是吧？进步了还不满意啊？真同情你，这次我爸妈还是很满意的！

乐乐：我要是能考80分啊，我爸妈都能给我做顿大餐！你爸妈的要求真是太高了……昨天就是一场噩梦啊，他们轮流批斗我，我都快要疯掉了……莫莫，你考那么好，你爸妈一定很高兴，是不是给你做好吃的啦？

莫莫（很生气）：吃吃吃，就知道吃！你以为我像你啊？

欣欣：你怎么说话呢？这两天你吃火药了啊？说话那么呛，乐乐招你惹你了，她说错什么了？真是不可理喻！

莫莫：关你什么事？我爱说什么是我的权利，你管得着吗？（生气地走出教室）

乐乐：哎？莫莫！（转回又看欣欣）欣欣，你也别太生气了，或许她最近心情不好吧？

欣欣：哎呀，乐乐，你就是太善良了，她哪来那么多脾气，心情不好也不能乱发火啊。你不能这样，要不总被她欺负，你听她说话多难听！

小可：是啊，乐乐，别总惯她那臭毛病，跟谁欠她几百万似的。

乐乐：这……好吧。

第四幕　了解情况

旁白：老师发现莫莫最近上课经常发呆，也不积极发言了，这次数学考试退步不少，而且下课也总是没精打采、闷闷不乐的，老师觉得她有什么心事，这天，老师将她叫到了办公室。

老师：莫莫，最近我看你总是闷闷不乐的，有什么心事吗？能不能跟老师说说？

莫莫：老师，可不可以劝劝我爸妈，让他们陪陪我……

老师：这个我可能没办法帮你，不过我还是想了解一下你的情况，你的父母经常不陪你吗？

莫莫：嗯，他们一直都在外工作，动不动晚上就不回家。家里只有我一个人，真的好空荡啊，一点生机都没有，家就像一个空壳，我觉得有没有都无所谓，那么冰冷的家，我都不想回去。倘若有别的方法，我真不想回家！

老师：你有没有想过让你爸妈回来的方法呢？

莫莫：想过啊，我一直都保持着好成绩，为的就是能够让他们开心，或许他们一高兴，就可以回来陪我了。但是，好像也不管用啊，他们顶多夸我一下，然后继续在外加班，我还是没有办法让他们陪我，老师，我真的好难过，我现在真的不知道怎么办了。

老师：最近就是这个问题困扰你吗？

莫莫：嗯……其实还有……

老师：你可以跟老师说说吗？

莫莫：同学总在一起讨论爸妈给他们买什么了，陪他们去哪儿玩了，我真的感觉这对我来说就是个讽刺，是在嘲笑我没有父母管，甚至我同桌考试不好被爸妈批评了我都好嫉妒，起码她还有爸妈管，我想听爸妈批评都那么困难。就因为这样，我跟同学的关系闹僵了，现在他们都不怎么理我，其实我真的好孤独，我内心其实很想跟他们在一起的。父母不管我，如果连朋友都没有的话，我真的太可怜了……

老师：我了解了，或许我不能去劝你爸爸妈妈过来陪你，但是我很高兴可以帮你把心中的苦诉说出来。

莫莫：确实啊，老师，能说出来也好，我连说话的人都没有。以前我同桌还总和我说话的，自从上次关系闹僵了后，她也不和我说话了。

老师：那么你现在最想解开的心结是什么呢？

莫莫：嗯……我想和同桌和好，却又害怕她不理我。我知道想让爸妈陪我可能比较困难，如果有个朋友的话我还能不太孤独。

老师：你有什么话想和她说吗？

莫莫：嗯……可是，我还是有点顾虑。

老师：没事，不用害怕，如果你现在还不能够当面和她说的话，老师提供给你一个机会，好吗？

莫莫：好。

第五幕　主题班会

老师：同学们，今天的主题班会我们做一个小活动好不好啊？

（同学们鼓掌称好）

老师：大家在生活中是不是会遇到一些烦恼啊？这些烦恼可能会困扰你许久却不知道该怎么解决，比如和同学有矛盾，想和好，却又怕对方不原谅自己，这个心结就一直解不开，自己也就越来越苦恼，今天老师给大家一个解开心结的机会，将你们内心的苦恼倾诉出来，大家同意吗？

同学们：同意！

老师：那好，现在我们开始“兔兔倾诉”活动！

（老师将一个椅子放在讲台上，在椅子上坐着一个玩偶兔子）

老师：现在，“兔兔朋友”在椅子上等待你们的到来，你们只要来到讲台上，把心中的苦恼告诉它，或者把它当作你要倾诉的对象，它会接纳你们所有的烦恼，忠实地听你们倾诉。无论烦恼是大是小，都可以对它说，大家把自己的心里话都告诉它吧！

【注】以下部分运用的是心理情景剧中的独白技术，独白是指主角直接面对观众说话，表达一些观众不能觉察的感受和思想，凸显主角内心的想法和挣扎。

（第一个上台的是欣欣）

欣欣（独白）：兔兔，你好，我最近的心情不是很好，虽然我总是试着让自己高兴起来，但是父母的压力让我完全高兴不起来。我真的已经努力了，而且我也进步了，虽然还不是特别优秀，但是有进步不就很好吗？我多么希望他们可以偶尔夸我几句，鼓励我一下。可是，从来没有，我真的好难过，我该怎么办呢？唉……

（第二个上台的是乐乐）

乐乐（独白）：兔兔，你好，我可以把你当作我的朋友吗？虽说我平常都是一副没心没肺的样子，但是我也有心思，我也会不开心，也有自己的小秘密，我多么希望可以和你分享啊。我真的很想和你做朋友，有什么快乐和你分享，有什么不开心可以和你倾诉，而不是你整天冷言冷语地对我，想和你说话又怕你不理我，或者又说我，但是看你自己一个人孤孤单单的又感觉你很可怜。唉，要是你能知道我的矛盾就好了，兔兔，谢谢你，能听我说这么多。

（第三个上台的是莫莫）

莫莫（独白）：兔兔，我现在真的好孤独，我后悔了，我现在希望你可以和我和好……

（莫莫看向老师，老师鼓励她继续下去）

莫莫（独白）：其实，很多事情不是你看到的那样，我其实并不是表面这样的，或许你从来看不出我的伤心难过，因为我伪装得太好了，我实在是不敢用自己的真实内心去面对生活，面对现在的一切。因为真实的我实在是太脆弱了，我怕我一不小心献上了真心，会被伤得千疮百孔，我真的好害怕，害怕自己被伤害。你知道吗？我真的特别羡慕你，每当你说你回家被爸爸妈妈骂了一顿的时候，我有多么嫉妒，你根本就不知道，起码他们还在乎你，还管你，而我在爸爸妈妈的眼中，都不如工作重要，他们动不动就加班不回家，家里装饰得再好再漂亮有什么用呢？对于我来说，它只是个美丽的冰窖而已，实在太令人心寒了。每次回到家里，面对的都是空荡荡的房子，你知道我有多痛苦吗？我现在连和他们吃个饭都是一种奢求，有时候我就会抱着侥幸的心理，等着他们打电话过来，问问我“今晚想吃什么呀，妈妈给你做”，问问我“考试考得怎么样啊，考不好你老爸我揍你”。可惜，就是这样小小的愿望，也不让我实现，在我接到他们电话的一刹那，满腔的热情，瞬间冰封千里，一盆冷水从头浇到脚，“今天加班，挂了……”这样的理由，我真的不想再听到了，我不想再自己一个人在偌大的屋子里待着了，不想自己一个人抱着玩偶，蜷缩在冰冷的床上，等着泪水湿透枕巾，我真的过得很不开心，你什么都不知道……

（莫莫有些哽咽，下面的同学有的也开始了啜泣，大家都在等着莫莫继续说话）

莫莫（独白）（缓和一会儿）：我的这种感受，没有人会理解我的，我多么希望你可以理解我啊，有好多次，我都想什么也不顾地全告诉你。可是，我又害怕被你嘲笑，我真的已经伤痕累累了，我再也经不起一点折磨了，我不能再受到任何一点伤害了，我真的好害怕，你可以理解我吗？可是最近，你们都不理我了，把我排斥了，我装作不在乎，可是你们知道我的心有多痛吗？看着你们冷落的眼神，我真的心如刀割，可是我的自尊不允许我跟你们低头，我只好用虚伪的面具将我自己保护起来，谁也不能伤害我一点一滴，可是这样，我还是受到了伤害，因为这样的我让你们离我更远了……我先不管别人怎么看我，你可不可以不要不理我，我真的很想要你这个朋友，我多么希望可以和别人一样，一起笑，一起玩，我想和你分享我的秘密，我想和你说说话，我想和你一起出去玩，也想让你在我失落的时候安慰安慰我，在我爸妈不在家的时候陪陪我，我想了好多好多，原谅我好吗？我们和好好吗？

（莫莫放声痛哭，大家都围上来）

第六幕　放学后

乐乐：莫莫！咱们一起回家吧，好吗？晚上来我家教教我数学呗，我爸妈一定会很欢迎你的！

莫莫：可是……

乐乐：别可是了，来吧，我爸妈还会给你做好吃的呢！帮帮我嘛！

莫莫：那……好吧。（手机铃声响）我接个电话。

乐乐：嗯。

莫莫：喂？妈妈？（语气转为惊喜）真的吗？好，我马上回家！（跟乐乐说）我妈妈说今天晚上会回来，要给我做好吃的！

乐乐：那太好了，不过只能改天让你来我家了。（略失望）

莫莫：别难过啊，下次我一定去，把你家吃穷！

乐乐：我家可是吃不穷的！哈哈，走吧，咱们快回家去吧！

莫莫：好。

（剧终）

分享：

老师：现在的上班族确实都很忙，忙到连陪陪自己孩子的时间都没有了，大家对于这样的现象有什么想法吗？

莫莫：老师，剧中的我也知道爸爸妈妈都很忙，他们之所以这么努力工作，也是为了供我上学，让我吃好穿好，但是我们这个年龄真的很需要爸妈的关心，需要他们的陪伴。您说，面对这种情况，我是不是应该跟父母好好沟通呢？

老师：是的，遇到这种情况确实应该和父母好好沟通一下，说出你们内心的想法，寻求他们的理解。

观众1：莫莫的话语让我受到了震撼，我想有的人心中确实有自己的苦楚。我们不应该只看表面而去冷落他，我们应该用真心去关爱他、包容他，这样，才能让他的心温暖，让我们的关系相处地更融洽。

观众2：我觉得，不管对谁，都应该用一颗真诚的心，对他人温暖，也是对自己温暖，这样人与人之间就会真诚相待，我们的生活就会变得越来越好！

观众3：我现在是一个孩子的妈妈，我以前就是特别重视工作，都没有怎么陪过孩子，今天我才知道，原来孩子心里竟然这么苦，唉……也是，别的孩子都有爸妈陪着去游乐场，自己爸妈天天都不回家，当然会羡慕别人了。我现在觉得，应该多陪陪孩子了，不能等到孩子心里有这么多委屈的时候再去关心他，那就太晚了。莫莫，谢谢你。

老师：大家说的都很有道理，我觉得，你们说的话总结起来都能包括在沟通这个大层面里。与父母需要沟通，与同学也是一样，再有就是在沟通中真诚地对待彼此，我相信，大家以后一定会将人际关系处理得很好的！

注：此剧的受众是学生和家长，剧中的家长角色由真实的父母出演。

【本剧本参考高思刚，《中小学校园心理剧》，福建教育出版社，2008，并在此基础上进行了补充和完善。】

五、星潮一族

（一）背景

随着初中生生理和心理的逐渐成熟，他们开始确立自己的偶像，甚至会出现疯狂追捧迷恋的现象，这样的本末倒置反而造成了种种困扰。这里的A和B是好朋友，他们中一位疯狂追星，一位理智看待，这会对他们造成什么影响呢？二人是否因为彼此的看法不同而产生隔阂呢？让我们拭目以待。

主角：A、B

辅角：C、老师

（二）故事场景

第一幕

旁白：A和B是9年的挚友，从同一所小学一直走到同一所初中，现在他（她）们是班级里公认的挚友，每天形影不离。

（一天早上，A与C在教室里）

（A唱一首流行歌曲）

C：啊！大姐，拜托，别吵了。我昨晚的数学作业还没做完呢。（双手合十，做乞求状）

A：嘁，你懂什么，这是音乐，音乐是需要用耳朵来欣赏的。

C：这，这也叫音乐？这男人唱歌像个女人似的，低水准，还不如我呢！

A：你说什么！我不是告诉过你，他可是我最喜欢的歌星了。（亮出拳头，转而成崇拜状）他长得那么英俊，他的歌，Oh my god！拥抱我吧，比伯！

C：恶心！今天的早饭都吐出来了！

（B进教室）

A（打一下坐在他前面的B）：嘿，你的白岩松又做采访了，你知道吗？

B：知道了。（一边说一边拿出课本看书）

A：你要不要看看，顺便弄张签名什么的。

B：签名？想是想啊，但是没有就算了。

A：嗯，傻瓜，你崇拜他，当然要像个崇拜的样子。像我，我们有贾斯汀·比伯的后援团，有他的最新动态，有微博，有贴吧，还有会长，我收集了他的签名、唱片、写真集、周边人偶……我对他，算得上了如指掌！

C：包括用什么品牌的牙膏。

B：这个我可从没想过，我只是把他作为心中的偶像。他吸引我的，是他的学识、智慧、机敏和口才，好多好多内涵的东西。崇拜他是为了向他汲取更多东西，要签名和档案干吗？

A：得得得，反正萝卜青菜各有所爱。（继续做作业，突然地）哦，对了，哎，B，（神秘兮兮）你看，这是什么，你该怎么谢我，啊？

B：竟然是原版的白岩松演讲碟！实在是太够意思啦！我早就想收藏一份，用来激励自己前进！

A：拿去拿去！算是给你的收集开个头！做粉丝就要有做粉丝的样子，让你的明星成为最热门的明星！

B（拿着礼物念）：没有一代人的青春是容易的，每一代有每一代人的宿命、委屈、挣扎、奋斗，没什么可抱怨的。说得太棒了，如此我更要努力学习！

第二幕

旁白：晚上，B家里。

B（冥思苦想着一道题）：唉，各种方法都试过了，怎么还不行呢？烦死了。（一个人坐着发呆，突然看到桌旁的礼物，拿起）早上还说要努力呢，可现在就……不行，不能放弃啊，如果就这么放弃，当初的那些感动不就是浪费感情吗？不能给白岩松老师丢人！（继续埋头苦干）

第三幕

旁白：第二天早上，C一个人在教室。

A（伸着懒腰，打着哈欠走进教室）：好困啊！

C：天才，怎么，昨天数学老头的难题让你失眠了？

A：难题？（惊奇万分）啊！（一拍脑门）糟了，这次死了，完了，完了，我昨天光顾着看贾斯汀·比伯的演唱会，忘记做了。（立刻放下书包，掏出文具）

C：哇，数学课代表也会忘了做作业？好了，不跟你说了，今天你算是玩

完。（A开始惊慌失措地做作业）

B（精神奕奕地走进教室）：A，怎么了，干吗这么匆忙？

A：B，我忘记做数学作业了，（一看手表）还有10分钟了，给我抄一下吧，我要来不及了。（可怜巴巴的样子）我昨天光顾着看演唱会了。

B：我早说过吧，那个贾斯汀·比伯对你没好处，连作业都忘做了。你没听白岩松说过“人应该时时自律自己的行为”吗，你又怎么能抄作业呢？

A：我就说过，那白岩松不是什么好东西。（无奈地回座位做作业）枉费我跟你做了九年的朋友，还不及个白岩松。唉，我的偶像永远那么自由。（哼唱）不要对我说，题目这么难……

B：怎么还在唱啊，快做吧。

A：这道题真的很难，哎，你就给我看看吧。

B：这样吧，我来给你讲讲吧。

（B为A讲解题目）

旁白：就这样，A狂热地追着她的比伯，B默默地崇拜着白岩松。两个月后，期中考试来了，B跃居年级前列，而A却退至了班级第25名。

C：哇塞，这回可赚了，20名耶。回家不用跟老爸练武功了。天才，你怎么样？（侧身看着A的成绩单）咦，翻船了。（幸灾乐祸地）

B：白岩松，这回可没辜负你哦！A，你怎么样？

（A沉默不语）

B：别灰心，继续努力。

C：终于放学了，老爹，我就要回来了。

B：A，我们走吧。

A：我……你先走吧。

B：好吧。再见。（走出教室，遇见老师）老师再见。

老师：再见。（看见A一人在教室）怎么还没走，A？

A（低声）：老师，我，我……（两眼看了一下老师，又看看成绩单）

老师：怎么，成绩有问题吗？（在A身边坐下）

A：不，只是我，我不明白，为什么我的成绩会这样……

老师：对自己成绩不满意吗？我来帮你找找原因。你先自己好好想想啊？为什么退步得这么厉害？

A：我平时与以前也差不多，只是多听了些流行歌曲……

老师：流行歌曲啊？听说你很崇拜贾斯汀·比伯啊，是吗？他的歌的确很受欢迎，风靡全球，歌迷也有不少。

A（来劲的，一下子不沮丧了）：是啊，是啊！他真的好棒，我太崇拜他了，他的每句歌词都很棒，他在舞台上的张力，还有他的微笑……（夸张地做手势，老师在一边微笑看着她）我总会被他深深地打动。（好像很陶醉的样子，后发现自己有些失态，坐好）

老师：我知道，你们处在这个年龄，感情很容易流露，有时仅为一句话、一句歌词，甚至会莫名其妙地疯狂，是不是？

A（死命点头，笑着）：嗯！嗯！

老师：听音乐，有时疯狂一下子，并不是坏事，这也是你们应该有的青春活力，但是任何事都应该有个度，在做作业、上课的时候，你不能老想着谁的歌，那首歌的下一句是什么词，这样的话，会得到什么样的结果？

A（若有所悟）：老师，我有时上课脑子里还会出现比伯的脸，耳边还会有他的歌声，做作业的时候也会……

老师：被我说中了吧！做作业累了，休息休息听听音乐，放松一下，但绝不能沉迷其中，你喜欢一个流行歌手，大可去寻找他的内在。他美好的品质，不服输的精神，他的正面影响……

A：老师，我听B老把白岩松挂在嘴上，谁要是说上白岩松几句坏话，她还跟人家翻脸。B对他是很着迷的，可我不明白，B的成绩为什么还那么好？

老师：这说明她的偶像没有给她带来任何负担，或许，还成了某种动力呢！你有没有问过她为什么崇拜白岩松呢？

A：这倒没有，不过您说的动力是什么意思？

老师：学习的动力，向白岩松学习的动力，和B交流交流，再回去好好想想，好好放准你偶像的位置。再好好总结一下原因，记住真正崇拜某一个人，把他作为偶像，应该挖掘出其内在的美，不过分追求其华丽的外表与装束，否则是毫无意义的。如果真的欣赏他，就努力变得更好吧！

A：谢谢老师，我一定再好好想想，我要拿出好成绩来给您看，您放心吧！

老师：好样的，就是要听你这句话。

（剧终）

分享：

老师：现在同学之间普遍出现追星现象，你们对这样的现象有什么看法吗？

同学A：我觉得追星是一个年龄阶段中存在的普遍问题。我们追星，也是把自己对生活的美好渴望、憧憬寄托在一个人身上。在追星族的心中，明星是美好的，并且我们会对这种想法坚定不移。

老师：追星有很多种表达方法，你们认为正确的有哪些？

同学B：追星有利有弊，追星可以让一个人拥有崇拜的对象，并朝他们成功的方向发展，努力追求属于自己的成功未来。但是也有可能因此耽误学习，浪费钱财，这主要取决于崇拜的程度。我们要分清轻重缓急，尤其是现在的初中生也会喜欢上一些虚拟人物，小说里描写到的，或是游戏里创造出来的……但是创造这些人物的初衷都是为了让人们更积极地面对生活，他们的本质都很美好，不能因为向往他们，就放弃自己的现实生活。

老师：如果因为追星，你和你的朋友产生了矛盾，你会怎么办？

同学C：我们都不希望听见有关自己偶像的坏话，如果真因为这样和朋友产生矛盾的话，我们会试图说明白，共同去欣赏他的正面，让同学尽可能接纳他。另外自身也要做出努力，变得越来越好，这样才有说服力。

老师：就像同学们说的，追星对你们来说是一种正常的心理需求和行为表现，如果把握得好，就能对自己产生强大的动力，激励自己不断前进。如果把握不好的话，就可能在追星中丧失个性，迷失自我。所以追星一定要把握分寸，崇拜某个偶像，不能仅停留在对其外表的简单模仿上，更应寻找他们身上内在的人格魅力，从他们身上汲取积极的人生经验。过分或盲目地追星，会影响到你们的学习。但是如果你能适当地调节时间，追星也是个不错的爱好。因为在追星的过程中，你会对那些明星产生敬慕，从而会不由自主地去学习他们身上的优点，例如他们敬业的精神以及刻苦奋斗的优秀品质。总之一句话，追星有利也有弊，关键是要看你们怎样适当地分配和安排时间，同时，要理性追星，取其精华，去其糟粕。

【本剧本参考黄辛隐、戴克明、陶新华，《校园心理剧研究》，苏州大学出版社，2003，并在此基础上进行了补充和完善。】

六、做自己的天使

（一）背景

每个人的心中都有一个天使和一个魔鬼，当面临诱惑时，是选择天使还是选择魔鬼，往往就在一念之间。初二学生小亮，因父母常不在家，迷上了电脑游戏，成绩下降，受到老师的批评。经过内心的挣扎，小亮终于战胜电脑游戏的诱惑，选择与天使同行。

主角：小亮

辅角：天使、魔鬼、老师、小亮同桌

（二）故事场景

第一幕

旁白：虽然已是深夜12点，初二学生小亮还在津津有味地玩着电脑。他的爸爸、妈妈因为加班，最近常常不在家。都12点了，小亮还是对电脑恋恋不舍。

小亮：哎，西山居的游戏真是国内顶尖！画面这么漂亮，任务情节还这么吸引人！都和团里的人说好了，真应该再战几百回合！今天爸妈都不在家，快去多刷一个副本！

第二幕

旁白：第二天早上，时针指向6：00，闹钟响了。

（一个较可爱的同学扮演闹钟，说：“该起床了！该起床了！太阳晒屁股了！”）

旁白：由于昨夜睡得太晚，小亮根本就起不了床。他按掉闹钟（伴随小亮的动作），自言自语。

小亮：再吵看我怎么扁你！一个闹钟都不让人安生，再睡5分钟，再睡5分钟就好了……

（闹钟被吓坏了，哭着躲开）

旁白：可这一睡哪是5分钟！等小亮清醒过来，早已是7点15分了。他连脸也顾不上洗，牙也没来得及刷，抓起衣服就冲向学校。

小亮（气喘吁吁）：报……报……报告！

老师：怎么又迟到了，小亮？这次迟到的借口是什么？（老师掏出一个记录本）

小亮（低下了头）：肚子有点疼。

老师：肚子有点疼？先进来吧，下课后来找我。（语气还是较和蔼）

（小亮坐到座位上）

旁白：时间一分一秒地过去，讲台上的老师正上着课，底下的小亮却觉得自己的眼皮越来越沉重，怎么也睁不开。他觉得老师的声音似乎越飘越远……

（小亮的头一点一点伏下去了）

旁白：睡梦中的小亮，似乎又回到了游戏的世界里。自己仿佛就是连刷大神，在游戏里威风凛凛，连老师什么时候走到自己身边都不知道。

同桌（推小亮）：快醒醒，小亮！老师来了，快醒醒！

小亮：兄弟，去打那塔！后面大哥别忘给我们加血！放箭看我怎么单刷出纪录！！（腾地站起来，终于看清是老师，“扑通”一声又跌坐回椅子，恰好下课铃响）

老师：小亮，跟我去办公室！（较严厉）

第四幕

老师（独白）：真是气死我了！小亮这些天一直上课走神，作业又不完成，今天更是变本加厉，竟然课上睡着了！（深吸几口气）这小亮最近是怎么了。（敲门声响起）冷静，要冷静！冲动是魔鬼。（向着门外）进来！

老师：小亮，早上为什么迟到了？

小亮（迟疑了一会儿，低声地）：不是说过了吗？肚子疼。

老师：肚子疼？！小亮，到底怎么回事？（严厉）

（老师不语，小亮抬起头偷瞄了一下老师，终于还是说了实话）

小亮：坦白从宽，我昨晚玩电脑了。

（老师从抽屉里取出一张试卷，上面印着一个刺眼的分数：59分）

老师：小亮，这学期你的成绩退得实在是太快了！从学期初的80多分，到月考的70多，到了期中考，竟然只剩下59分！（稍停顿，语气较平缓）你自己说说，期末你打算考几分？

小亮：老师，我对不起你。

老师：你不是对不起我，你对不起的是你自己！小亮，你是一个多么聪明的孩子啊！一段英语课文，不用两遍你就能背下来。但小亮，老师想告诉你，一个人要成功光有聪明是不够的，还要有勤奋和机遇。小亮，回去好好想想，然后问问自己，这段时间你都做了什么？接下来又打算怎么做？（停顿）听清楚了吗？

小亮：嗯，我回去好好想想。

第五幕

旁白：回到家后，小亮记着今天老师对自己说的话，他坐到了书桌前，想为自己订一个学习计划。但当他刚提起笔来的时候，邻居家传来了电脑游戏的音乐。小亮开始坐立不安，心中似乎有两种不同的声音在激烈地争执着。

【注】此部分运用了心理情景剧中的多重替身技术，即多个配角站在主角的身后与主角同台表演，或替主角说话。不同的替身可以模仿主角的不同内心思想和感受，表现出主角内心的矛盾与冲突，展现主角的多面性。如在主角表现选择性困惑时，可以让主角陷入沉思，背后的两个替身分别代表一个选择，进行争辩或者互相用语言攻击对方的缺点。这种表现形式往往使主角的内心冲突表现得更生动、具体、形象。

（魔鬼与天使依次出场）

魔鬼：大家一定看出来了，没错，我就是魔鬼，智慧与邪恶并存，不满秩序执意带来邪祸的魔鬼！可是大家都知道，人的私欲理当满足，我就是因此才存在的！

天使：往这里看，不错！我是人生道路的领路者，向往善与美，爱好光明与福音！如果人不懂得克制，何来幸福美满之言？世界早成炼狱！

（一个人拿着一块牌子，牌子写着“天使VS魔鬼，第一回合”，匆匆走过。天使与魔鬼，做出拳击比赛前热身的模样，准备单挑的架势）

魔鬼：小亮，快出来玩电脑吧！多好玩啊！都开始了，你最爱玩的呀！

小亮（迟疑了两秒）：是啊，走！

（天使忙拉着小亮）

天使：不！小亮，我们别去。你忘了今天是怎么答应老师的吗？你现在要做的应该是静下心来，好好给自己订个计划才是啊！

小亮：这……

魔鬼：管他呢，玩完游戏再订计划也不迟啊！快走吧，团战都开始了！

（背景是宏大枪战声）

天使：不，别去！小亮，难道你（面对大家唱）“总是要等到睡觉前，才发现功课只做了一点点，每次要等到考试以后，才知道该念的书都没有念”吗？

（第一回合结束，天使与魔鬼作不服气要决斗状，二位被拖下，一人上来，举着牌子：“天使VS魔鬼，第二回合”）

魔鬼：小亮，别理他！我们走吧，人生得意须尽欢，咋就差这一两天呢！

天使：别去，小亮！可别小瞧了这一两天，明日复明日，明日何其多？我生待明日，万事成蹉跎！

魔鬼：小亮，我们可是兄弟，难道我会害你不成？

（天使与魔鬼又开始拉扯）

魔鬼：走吧，小亮！

天使：别去，小亮！

魔鬼、天使（同时）：走（别）……

（小亮很烦恼状，突然站起，魔鬼、天使隐到小亮身后）

小亮：现在是8点，我就玩半个钟头，8点半就开始订计划。对，就这么定了！

旁白：电脑前的小亮玩得津津有味，转眼，8点半就到了，小亮完全被游戏迷住了。他告诉自己，再过半小时就关机。时间一分一秒地过去，9点、9点半、10点……（语气放缓）转眼，又是12点。

旁白：游戏结束了，小亮终于从引人入胜的游戏中回过神来。

小亮：完了！怎么又12点了？我明天要怎么向老师交代啊！唉，真没用！自己都管不了自己！

（天使与魔鬼再次出场）

（一人举牌子上，如前，第三回合）

魔鬼：嘿嘿，我胜利了！再见，小亮。

（魔鬼退场）

小亮：喂喂！你怎么说走就走啊？不是说你是我兄弟吗？

（天使叹了口气，也准备离开）

小亮：天使，天使！难道连你也要离开我吗？

天使：小亮，不是我想离开你，是你放弃我的呀！

小亮：我知道错了，天使，我听信了魔鬼的诱惑。求你帮帮我，我现在该怎么办啊！

天使：小亮，这个世界上，只有一个人能真正地帮助你。

小亮：谁？

天使：你自己。

小亮：我自己？

天使：对，你自己！面临诱惑的那一刻，做出这样或那样选择的，不是你自己吗？

小亮：那我现在到底该怎么做呢？

天使：静下心来，倾听自己内心的声音，由你内心的声音来告诉你要怎么做吧！

（停顿一会儿，《天使》音乐起）

小亮：嗯。（坐回桌子旁）

旁白：小亮接受了天使的建议，他坐了下来，思索着。他想到了现在赶快草拟一份计划，好明天交给老师，算是完成任务；也想到了各种可以免于老师责备的方法。最后，他做出了自己的选择。

小亮：天使，我决定了，明天还是向老师坦白，告诉她今天的情况。我已经14岁了，我愿意为自己的行为负责。

天使：我也相信你，小亮！

小亮：天使，那你还会离开我吗？

天使：小亮，我永远都住在你心里。当你选择了做自己的天使，我不就在你身边了吗？！

（剧终）

分享：

老师：当下网络游戏盛行，很多同学都沉溺其中，我认为主要有以下原因：（1）相互攀比。现在的孩子们要比的东西是最时尚的、最新潮的。从物质上的提升到精神上的提升，从不知道某某游戏到游戏角色升级的过程，也都是要表明他在自己的小群体中的特殊地位。（2）成功的快感。在游戏中同学们也许能够实现现实可能永远无法实现的东西，游戏里有权力、有尊重、有满足虚荣心的一切快感的东西。（3）自由。现在的同学极具自主和独立意识，游戏会给他们在虚拟世界里随心所欲的自由。但同学们有没有意识到，在不经意间的沉沦后，你想要摆脱它，却是那么的不容易，它需要你调动更大的气力，运用很强的意志力和控制力去克服。这种情况下，也只有你自己，才是你的救赎者。

【本剧本参考高思刚，《中小学校园心理剧》，福建教育出版社，2008，并在此基础上进行了补充和完善。】

七、妈妈，我要对您说

（一）背景

林佳雪，学习成绩中等，进入初三以来压力增大，母亲总是希望她成绩更好些。她与母亲间时常发生些小冲突，母女的关系仿佛被阴云笼罩着，彼此伤害着对方。在心理老师的疏导下，母女的关系得以改善。

主角：佳雪

辅角：佳雪母亲、老师、同学4名

（二）故事场景

第一幕

（时间：放学后；地点：佳雪家里）

旁白：故事的主人公叫林佳雪，进入初三后，她的学习压力增大。母亲较多地关注她的成绩，其他方面沟通很少，她们的关系就像阴云笼罩着一样，彼此伤害着对方。有一天，佳雪放学后……

（母亲在茶几上放好了水果，等待女儿回来）

母亲（自言自语）：4点多了，孩子放学该到家了。

（佳雪背着书包，手拿一模成绩单走进家门）

母亲（亲切地）：大闺女，回来了？

佳雪（不经意地）：嗯。（佳雪将成绩单很随意地甩在茶几上）

母亲（内心忐忑地）：呦，成绩出来了，快让我看看！

佳雪：随便！（佳雪面无表情，拿起水果自顾自地吃了起来）

母亲（看着成绩单，高兴地）：没想到这次你的数学进步不小啊，名次也提前了。但是……

（佳雪猛地站起身，十分不满地扔掉了手中的水果）

佳雪：打住，我都能知道你后边要说什么了，每次进步后你都会先夸一通，再用“但是……如果……”向我提新的要求，永远不满足！

母亲（生气）：我不都是为了你好吗？

佳雪（愤怒地打断）：你别说了！让我提高成绩不就是为了给你脸上贴金吗？

母亲（愤怒而无奈）：你……

旁白：空气中弥漫着火药味，母女俩又一次不欢而散。

第二幕

（时间：放学后；地点：佳雪家里）

旁白：现在是下午4：30，以往这个时候佳雪已经放学回到家了。可是今天到现在还没有回来，妈妈很着急，不停地向窗外张望，焦急地等待着……半个小时过去了……

母亲（自言自语）：怎么还没回来呢？不会出什么事吧！

旁白：妈妈拿起手机给老师和佳雪的几个好朋友分别打了电话，可是她们都说不知道佳雪去了哪里。就在这个时候，佳雪回来了。

母亲（愤怒）：怎么才回来！去哪儿了你？

佳雪（生气）：哪儿也没去！

母亲（愤怒）：哪儿也没去？你是不是跟那些不学习的孩子出去疯玩了？眼看就要中考了，你能不能长点儿心啊！

佳雪（愤怒而冲动地）：我就这样了，我没长心！中考，中考，你就知道考试学习，你真正关心过我吗？我就不能放松一下吗？

母亲（不屑地）：放松？就你那样的成绩还提放松？再放松就哪儿也考不上了！

佳雪（十分愤怒）：考不上，考不上！你还会说别的吗？

母亲（赌气地）：你！你！不想学就算了！

佳雪（置气地）：这是你说的！我就不学了！

（砰！佳雪摔门而出。母亲瘫坐在沙发上）

旁白：外面风雨声、雷声袭来，夜晚是那么的不平静。

第三幕

旁白：第二天上午，老师带着同学们来到佳雪家里，佳雪正躺在床上生闷气。

佳雪（听到敲门声）：谁呀？

（外面传来同学们的声音，佳雪去开门，老师和同学走了进来）

佳雪（委屈地抱住老师，泪流满面）：老师……（拉同学的手，请他们坐下）

老师（轻声地）：佳雪，别难过，来，坐下。今天到底发生了什么事，为什么没去上学？你愿意和老师说说吗？

佳雪（依旧抽噎着）：老师，我真的受不了我妈了，她总是冤枉我、监控我，还限制我的自由。昨天晚上放学后，我只是一个人去公园坐了一会儿，她竟然说我和同学们在一起疯玩……

老师：我明白了，你是因为不理解妈妈对你的管制，你很生气，才赌气不上学的是吗？

佳雪：对！老师，其实在我小时候妈妈是很慈爱的，现在她也很关心我的饮食起居，可随着我一天天长大，我们经常有冲突，妈妈的形象在我心中越来越坏了，有时候我真想离开家，离开妈妈！

老师：你现在对妈妈的感觉很纠结，有时候觉得妈妈很爱你，有时候觉得妈妈不理解你，你很烦躁、很排斥，想离开她对吗？

佳雪：对！

老师：正好，今天同学们都来看你，我让大家来帮你一下，小璇你来扮演佳雪心中的好妈妈。欣欣，你来扮演佳雪心中的坏妈妈。（请两个女同学起来，老师面向佳雪）面对这个日夜为你操劳的妈妈，你有什么话想对她说吗？

佳雪（面对好妈妈深情地）：妈妈，我的生活应该丰富多彩，不应该只有学习，你能尊重我、理解我吗？

同学甲（真诚地）：当然可以了。

佳雪（很满足）：妈妈，谢谢你对我无微不至的关心，我爱您！

同学甲：佳雪，妈妈也爱你呀！（母女亲切地拥抱）

老师：来，佳雪，面对心中的坏妈妈，她总是管着你，按照她的想法要求你，安排你的生活，给你带来了很大的压力和烦恼，你心里有很多想对她说的话，想说什么就说什么吧！

佳雪：我讨厌你，你总是管着我，冤枉我，一点都不理解我，你走开！我要你离开我！

老师：好，佳雪，说出来后，你感觉怎么样？

佳雪：现在舒服多啦！

（此时，歌曲《烛光里的妈妈》深情的旋律传来，师生都陶醉在其中，特别是佳雪的目光中多了些平和和感动……）

老师：佳雪，现在你有什么想说的话？

佳雪：老师，以前是我不懂事，现在我能理解妈妈的良苦用心了，妈妈是爱我的！

第四幕

（时间：接近中午；地点：佳雪家里）

旁白：妈妈不放心佳雪，请假回家。这时，手机铃声响了。

老师：喂，佳雪妈妈。

母亲：喂，王老师！

老师：佳雪现在已经在学校里上课了，情绪也平稳了。

母亲：啊，谢谢您，那我就放心了。（无助地）王老师，这些天我和孩子老是吵架，我也知道那样不好，可是你说我该怎么办呢？

老师：你看这样，今天我们开了一个主题班会，每个学生都录了一段视频，我把佳雪的那段发给你，听听孩子的心声，会对你有帮助的。

母亲：好的，好的。

（母亲拿起手机收看老师发来的班会视频，画面上出现佳雪发言的情景）

佳雪：妈妈，我想对您说，您的期待也是我的目标，我也一直在努力，可您知道吗？您的攀比和责备，真的让我感到好累好累呀！那天我独自坐在公园的长椅上，任泪水湿透衣襟，看着四周灰蒙蒙的天，我真的快喘不过气来了，此时我多希望您伸出温暖有力的手，拉女儿一把！妈妈，生活本该是多姿多彩的，学习也应该是快快乐乐的，请您换一种方式来爱我吧！……

（看到这里，妈妈已经泪流满面，她平复一下情绪）

【注】以下部分运用的是心理情景剧中的独白技术，独白是指主角直接面对观众说话，表达一些观众不能觉察的感受和思想，凸显主角内心的想法和挣扎。

母亲（独白）：唉！我希望孩子长大了比我强，能出人头地，有一个好前途，可没想到却给孩子带来这么大的压力和苦闷，让她失去了快乐。没有信任和尊重的爱是残忍的，以后我真要和孩子多交流，多听听她的心声，做她的朋友，做一个真正的好妈妈！

尾声：佳雪放学后，真诚地向母亲道歉，母亲一把搂住佳雪，母女俩紧紧地抱在一起……

（背景音乐《天之大》响起）

（剧终）

分享：

老师：家长都希望自己的孩子将来可以出人头地，他们“望子成龙，望女成凤”的心理可以理解，但是如果过于管教，往往会适得其反，父母期望越高，给孩子带来的压力越大，进而会破坏家长与孩子之间的感情，对于这些，大家有什么看法？

佳雪：剧中的我能理解妈妈，知道她对我严格是希望我将来有出息，我也想取得好成绩，我也希望自己可以变优秀，我相信我自己可以做好，但是妈妈的期望让我有种步步紧逼的感觉，让我毫无自我空间可言，我也想让妈妈开心，但是这样的妈妈让我害怕，让我有太大的压力。

妈妈：没想到我对孩子成绩的关注竟然让孩子背负了这么大的压力，让她这么不开心，这并不是我想看到的，看来我的关心方式有问题，我要学会慢慢放开孩子，让她自由成长，不再那么严厉地管制她。

老师：孩子并不应该在严厉的管制下成长，他们只是孩子，不应该背负这么大的压力，现在的家长太看重孩子的成绩，但成绩好并不是一切，他们的心理健康更加重要，当孩子在管教中变得抑郁时，成绩好又有什么用呢？希望家长学会放手，给孩子一个自由的人生，让他们在自由的天空中翱翔！

注：此剧的受众是学生和家长，剧中的家长角色由真实的母亲出演。

八、小天变形记

（一）背景

贾小天是一个含蓄的初二男孩，他学习努力，和同学相处融洽，但是他总是对自己缺乏信心，不够自信。做事犹豫，经常有消极和积极的情绪在心里作斗争。语文课上小天朗读得不好，语文老师鼓励他增强自信心，音乐课上小天表演的吉他伴奏赢得了小伙伴的赞赏和认同，他因此获得了信心，还经班级推荐参加了校演讲比赛，积极情绪最终战胜了消极情绪，贾小天终于变得自信了！

主角：贾小天

辅角：积极情绪、消极情绪、刘老师、同学甲乙丙三人

（二）故事场景

第一幕

贾小天：大，大家好，我，我叫贾小天（声音较小），啊，没听清！贾小天（声音大了一点），我这姓吧说起来有点尴尬，什么高大上的名字到我这都是浮云，志强，贾志强！宏伟，贾宏伟……

旁白：这就是我们的主人公贾小天，今年初二了。平日里学习很努力，同学关系相处得也不错。可就是对自己缺乏信心，总是觉得比别人差了那么一点点，啊不！两点点……做起事情犹豫、胆小、怕这怕那，这不，进了校门看到远处地上有一团纸，他想：捡不捡呢？你说这两天沈阳的风啊，跟猪八戒显圣了似的，万一，一会儿把这纸刮到咱班的分担区扣了分怎么办？正在这时，同学甲背着书包，跑过去，拾起了地上的纸。

（贾小天瞬间耷拉着脑袋进了教室，回到自己的座位上……）

刘老师（进门来）：上课。

同学们：老师好。

刘老师：告诉大家一个好消息，我校一年一度的演讲比赛马上就要开始了，每个班级有两个名额，咱们今天就在班里用朗读课文的形式来热热身吧！

同学们：好啊！好啊！

（同学甲、乙、丙分别朗读课文）

（贾小天朗读，声音小、停顿、重复）

同学甲：大点声！

同学乙：什么呀！

同学丙：早饭都没吃！

（大家哄笑，贾小天情绪低落地趴在桌子上）

【注】下面运用的是心理情景剧中的多重替身技术，即多个配角站在主角的身后与主角同台表演，或替主角说话。不同的替身可以模仿主角的不同内心思想和感受，表现主角内心的矛盾与冲突，展现主角的多面性。

积极：别这样小天，这没什么，鼓起勇气！一切都会好的！

消极：算了吧！小天，我们的声音小，说得也不好，比赛还是让他们去

吧！

积极：快起来小天！只要我们比别人勤奋，回去好好练，咱也可以参加比赛啊！

消极：趴下！小天，（怒）下课啦！咱们出去玩吧！上台比赛不是我们该干的事！他们说得多好！

积极、消极：那我们来决斗吧#…噼…￥啪&@啊！

（消极战胜了积极！贾小天再次趴在桌子上）

刘老师：好，今天我们的课就上到这里，同学们下课。

同学们：老师再见。

刘老师（走到小天的身边）：小天！没关系！我们朗读课文的时候，首先声音要洪亮，咬字要准确，再有就是多多练习，有句话说得好："台上一分钟，台下十年功！"成功的人比起一般人来说，一定是更加勤奋、更加努力的人。再有一点就是要相信自己，自信是成功的第一秘诀。要相信你自己可以做得更好！加油吧！小天！

旁白：小天自从得到了老师的鼓励，每天早上都会提前一小时起床练习朗读，希望自己也能站在演讲台上，希望获得同学们崇拜的目光和赞美的声音。

第二幕

旁白：这个学期，我校新来了一位音乐老师，由于对同学们的才艺情况不是很了解，打算在音乐课上让大家展示一下！

同学甲：你打算表演点什么啊！

同学丙：我还没想好呢！

同学乙：我打算唱一首歌，清唱影响效果，要是有伴奏就好了！

同学甲：伴奏！有啊，有人会弹吉他！

同学乙、丙：谁呀？

同学甲：贾小天啊！是不？你会弹吉他！

贾小天：啊！我啊！音乐教室没有吉他啊！

同学甲：咱音乐教室啥都有啊，（跑去拿吉他）试一试，别客气！

（同学乙唱歌，贾小天伴奏，大家围观，看小天弹奏，演奏结束，睁眼睛，吓一跳）

同学甲：哇！小天，太棒啦，小天，你简直就是我的偶像！

同学丙：小天真有两下子！

同学甲、乙：你是怎么做到的？

贾小天：其实学琴也很简单，掌握了基本指法，就是多多练习喽，我每天晚上有空都会练琴的……

旁白：有了同学们对小天的鼓励，小天对自己有信心了，不管是学习方面还是其他方面，小天都更加坚定了自己的信念。每天，朗读和弹吉他都是他雷打不动的必修课！

（下课铃响起……）

刘老师：小天！可找到你了。告诉你个好消息，经过班委会的研究和你近来在语文课上的表现，大家决定推荐你代表咱们班参加演讲比赛！好好准备吧！（说完退场）

同学们：太好啦！（鼓掌）

同学丙（拍拍小天的肩膀）：你的努力，大家是看得到的！

贾小天：我真的可以吗？

积极：太棒了，小天，加油啊，咱们回家还要继续练哦，我相信你一定能行！

消极：还是算了，上台讲话，紧张死了，估计得让我好几天都睡不好觉啊！

积极：小天，这是锻炼我们的一个好机会啊，这也正是你期待的呀！

消极：还是别去了，小天！咱晚上回家看动画片好不好啊？

积极：废话少说！我们还是来一次真正的较量吧！让你心服口服！（#咣&%啊&*啪*，积极最终战胜了消极）

贾小天（鼓起了勇气）：我原以为成功离我是那么遥远，那么高不可攀，可当我怀着忐忑乃至怀疑的心情去尝试、去面对时，我才知道，其实成功真的没有那么难！只要你拥有一份自信，只要你拥有一份坚持，积极勇敢地去努力、去奋斗，原来成功触手可及！所以我想由衷地和我的伙伴们说，自信是成功的第一秘诀，而坚持就像一艘船，可以把我们带到成功的彼岸！我叫贾小天，小小的我，也有一片属于我自己的天空！

（剧终）

分享：

老师：生活中也有很多同学像贾小天一样，懦弱自卑，缺乏自信，倘若一直这样下去，势必会对他们的心理造成一定的影响，希望他们都能像贾小天一样有一次蜕变，变得勇敢自信，看过这个情景剧后，大家有什么感想，请畅所欲言！

贾小天：我们每个人或许不是最好的，但是我们应当为了做得更好而努力。面对生活中的困难挫折，我们应当勇于面对，我们应当将他人的嘲笑当作随风而逝的细沙，将自己的不足牢记并改正，时刻相信自己，时刻提醒自己，我可以做到，我能行！

老师：是的，想要做好一件事，最重要的就是要对自己有信心。

观众1：我觉得他人的鼓励也会成为一个人自信的推动力，小天正是有了老师和同学的鼓励才逐渐找回了自信，所以不要吝啬我们鼓励他人的话语，虽然只是只言片语，但对他人的影响却是举足轻重的。

老师：大家说得都很对，自信对于我们来说真的很重要，而遇到了不自信的人，别人对他的信任也很重要，希望大家可以做一个相信自己也相信他人的人。

第九章

高中心理情景剧

一、沟通从心开始

（一）背景

母亲节快到了，儿子为母亲买了一支药用护手霜，却遭母亲误会，母子俩发生了激烈冲突。母亲节那天，儿子愤而呆坐公园，偶遇学校心理辅导老师。经学校老师疏导，儿子理解了母亲爱自己的心，与老师一同回家向母亲解释了缘由，与母亲重归于好。

主角：小明

辅角：母亲、李老师（心理辅导老师）、商店老板和售货员

（二）故事场景

第一幕

【注】这里运用了心理情景剧的声光技术，在舞台上，通过音乐的强烈渲染来表达主角心中的矛盾，引发主角的自发性以及情感的表达。

（背景音乐：《鲁冰花》）

旁白：小明是一个读书不太勤奋的学生，但却有孝心。这不，母亲节快到了，小明想给母亲一个惊喜，正琢磨着给母亲买一份什么礼物呢！这天傍晚放学后，天正下雨，小明独自一人撑着伞走在街上。

【注】以下部分运用的是心理情景剧中的独白技术，独白是指主角直接面对观众说话，表达一些观众不能觉察的感受和思想，凸显主角内心的想法和挣扎。

小明（独白）（喃喃自语）：过几天便是母亲节了，我要给妈妈买什么礼

物呢？（边走边沉思）嗯，买什么好呢？买……（停下，面对观众，兴奋的语气）对了，前几天妈妈洗衣服时，手不小心擦伤了，破了老大一块皮，我给妈妈买一支药用的护手霜吧。

（四处张望寻找相关的商家，把伞合起，走进一家商店，一手拿伞，一手在裤袋里摸了摸，向商店老板询问）

小明：老板，请问您这儿有没有药用护手霜？

老板1（从报纸中抬头）：什么护手霜？

小明（恳切地）：药用护手霜，有治疗手伤功能的那种。

老板1：没有，你到别处看看吧。

小明（失望地）：哦，谢谢。（失望地走出商店，焦急地向下一间店铺走去）

小明（急切地）：老板，请问您这儿有没有药用护手霜？

老板2（摇头，亲切地）：没有，这种护手霜很少有卖，你到别处看看吧。

（小明垂头丧气地走出商店，脚步有点慌。撑着雨伞继续往前走。忽然，脚一滑，他跌倒了，雨伞落到地上。他擦了擦手，拍了拍身上，捡起雨伞，继续走进下一间店铺）

小明：阿姨，请问有没有药用护手霜？

售货员（看了小明一眼）：没有，你到别处看看吧。

（小明很失望，低着头，心情沮丧极了，拖着步子走到最后一间店铺。在商店的柜台上寻找着……）

老板3（轻松的语气）：靓仔，买点什么？

小明（不带希望地）：药用护手霜。

老板3：刚好有一支，给你。（递给小明）

小明（惊喜地）：多少钱？

老板3：35块。

（小明从口袋里掏出一把钱，放在柜台上细数，10元，15元，17元，18元，18.5元，18.7元，18.8元……30元。抬头，为难状）

小明：老板，对不起，我只有30元，您能不能便宜点卖给我呢？

老板3（坚决地）：不行，30块我就没钱赚了，还要亏本！

小明（恳求）：老板，您看，我真的只有这30元钱，我很想买下这支护手霜给我妈妈做母亲节的礼物，但我真的只有这30元钱，您就便宜点卖给我吧！

老板3（有点为难地）：母亲节的礼物……（看着小明恳求的双眼，壮士断腕般甩了甩头）好吧，看在你一片孝心的分儿上，便宜卖给你了！

（小明赶紧把眼前一堆钱推给老板，接过护手霜，放进口袋里，高兴地走出商店）

第二幕

（背景：新闻联播，家里，母亲焦急地等待着小明回家，她口中不断地喃喃自语）

母亲（焦急地在屋里走来走去，搓着手）：怎么搞的，明明放学的时间已经过了一个多小时了，小明怎么还不回来啊！跑哪儿去了？（焦急地走到窗边看外面）下雨天能跑哪儿去？难道……（转身，看门）难道又去网吧了？（想了想，摇摇头）应该不会吧？！（又急又恨）真是的，回来一定要好好教训他！

（母亲非常焦急，眼睛不住地往窗外望，希望搜寻到小明的身影。实在忍不住了，跑进小明屋里，取出小明的通讯录，开始翻。这时，小明回来了）

小明（高兴地）：妈，我回来了。

母亲（从屋里跑出来，看着小明，脸一沉）：怎么这么晚？

小明（解释）：放学后，我去买东西了。

母亲（怀疑，斜眼看小明）：买东西？（稍顿）你老实告诉我，是不是又去网吧了？

小明（语气仓促）：哪有？我真的是去买东西。

母亲（又用探询的口气）：是不是真的？（突然，母亲注意到小明浑身湿漉漉的，生气地）怎么搞得浑身湿啊？没带伞吗？

小明：有啊！

母亲（不信）：有？那你还弄得浑身湿？怎么回事啊，你？

小明：我怕回家太晚，所以坐摩托车回家。车上不好打伞，所以，就湿了。

母亲（有点惊讶）：坐摩托车？你有没有搞错啊，下雨天坐摩托车？

小明（不以为然）：你以为我想吗？还不是怕回家晚吗？

母亲（生气，语调略高）：哦？那你现在回家就不晚？下雨天坐摩托车能快到哪里去？你要真赶那点时间，为什么不早点回来？你究竟有没有长脑子啊，你？不对，你那么赶时间，肯定又去干什么坏事了……

小明（有点不耐烦地）：妈，我真的没干什么坏事，我去买……

母亲（坚持）：买什么要买这么久？你一定是在骗我！

小明（生气地）：哼！说到底，你就是不相信我！

母亲（生气而伤心地）：你要我怎么相信你啊？你给我说实话！

小明（不高兴地）：反正我没干坏事。

母亲（严厉地）：我不信，你前几天向我要了钱，肯定又是去网吧了。（突然用命令的语气）把你的书包和钱都拿出来，我要检查！

小明（把肩上的书包“啪”的一声扔在地上，很生气）：那你就检查吧！

母亲（打开了书包，边检查边说）：总之你不要让我查到，否则我打断你的腿……

（小明突然冲到日历旁，把印着5月9日母亲节的那一页用力地撕了下来，冲进房间，关上门，也把母亲喋喋不休的话关在了门外）

第三幕

（母亲节这天，家里附近的小区公园里，小明坐在长椅上，手上拿着那支药用护手霜，沮丧地时而看着四楼的家，时而望望手中的护手霜，叹着气。这时，学校心理辅导老师从旁边的小道走过，正好看到小明）

老师：咦，这不是小明吗？怎么一个人坐在这儿？（边说边坐在小明的身边）

小明（抬头，有气无力地）：李老师。

老师（看着小明手中的药用护手霜）：这是……

小明（没好气地）：本来想送给妈妈的母亲节礼物。

老师：哦，今天是母亲节，小明真有孝心……（看了看小明）本来？为什么说是本来呢？

小明（随手把护手霜放在身边的椅子上，看看家）：是啊，本来是要送给妈妈的，但是，现在……算了……

老师（一种推测的语气）：和妈妈吵架了？（小明点头）能告诉李老师为了什么吗？

小明：李老师，是这样的，那天……

旁白：小明把那一天的情形说了一遍。

老师（点了点头）：哦，是这样啊。原来妈妈误会你了。你为妈妈买礼物，妈妈却认为你去网吧了，还检查你的书包。

小明（气冲冲地）：就是啊。她做得太过分了！（看了看护手霜，拳头握了握）

老师（看了看小明的脸色并拍了拍那紧握的拳头）：小明，妈妈为什么会误会你去网吧呢？

小明（有点不好意思，松开拳头）：前一阵子，我经常去网吧，有一次她在网吧找到了我……

老师（点了点头，微笑）：看来妈妈的误会还是事出有因的嘛！

小明（抬头看了李老师一眼）：我……我……（而后低下了头）

老师（拍了拍小明的手）：因为网吧的事，你失去了妈妈对你的信任，或许我们可以把这份信任再找回来。

小明：李老师，要怎么找回来呢？

老师：小明，你觉得你妈妈应该怎么做？

小明：她应该听我解释，再判我的罪啊。我真的没去做坏事啊。我……

老师：嗯，小明确实没做坏事。（笑着指了指那支药用护手霜）因为有这么一个有力的物证呢。不过，小明，那天妈妈若是问你买什么东西，你会说吗？

小明（想了想）：应该……不会吧！因为我想给她一个惊喜，不过……如果再问下去，我可能会说吧。

老师：可能会说？（笑笑）不过，我记得你刚才跟我说过，妈妈说过要检查书包时，你就生气地扔下书包跑进屋里把自己关起来了对不？（小明点了点头）看来，你也没给妈妈机会问下去嘛！

小明：嗯，我，我当时太激动了，所以……

老师：哦。当时因为被冤枉了，所以很激动是吗？（见小明点头，稍顿，侧头笑问）小明，你等过人吗？

小明（疑惑地看着李老师，点了点头）：等过！

老师：等过多长时间？

小明（想了想，迟疑地）：一般也就几分钟吧。

老师：会超过半个钟头吗？

小明：一般不会。

老师：那等待的时候你会做什么吗？看风景？（笑笑）

小明（笑笑）：刚开始可能还会，后面……就会一直看着路，有些急，有时候可能还会有些生气，（自问着）怎么还不来啊？是不是出了什么事？

老师：开始看风景，（笑笑）等久了就开始有些急，有些生气。（停顿了一会儿再问小明）前天晚上，你几点回家的呢？

小明（有点跟不上老师的话题了，但还是照实回答）：应该是7点多吧。

老师：几点放学呢？

小明（奇怪地）：5点左右啊！

老师：从学校到你家要多久呢？

小明（很快地）：10分钟不到啊！（疑惑地看着李老师）您怎么……问这些呢？

老师（不答反问）：小明，你有打电话跟妈妈说过要晚归吗？

小明（有点摸不着头脑）：没有。

老师（侧头掐指算）：5点放学，学校到家里不到10分钟，这么看来，5点半之前就可以到家了……也就是说，这当中有1个半小时的时间，妈妈在家等……（说到这，故意停了下来）

小明（有点莫名其妙地看着李老师，下意识地重复着李老师的话）：1个半小时……妈妈在家等……

老师：等待时人的心理会……

小明（直接接过话）：急！

老师：还会……

小明：生气！呃……生气……着急……生气……着急……啊，李老师……

老师：嗯？

小明：我想……妈妈她发脾气是因为……她等得太着急了……太担心了……

老师：是啊。妈妈会发脾气是因为等得太着急了。其实，等待中的人比较急躁容易发火，就像你说的，会不由自主地去猜测许多理由，在你还没回家的这段时间里，我想，你妈妈应该是想了很多的可能性吧。

小明（点了点头）：妈妈她……她……（眨了眨眼）

老师（鼓励地看着小明）：接下来你打算怎么办？这护手霜？

小明（拿起护手霜紧紧贴在胸前）：李老师，我懂了，我要跟妈妈解释清楚，我要给她母亲节的惊喜……

老师（微笑着起身，把手伸给小明）：好啊，我们给你妈妈送解释和惊喜去！

第四幕

（母亲拿着手机出场。家里客厅，母亲拿着手机焦急地打着电话）

母亲（焦急地）：王强，你好，我是小明的妈妈，请问小明在不在你家玩呢……没有……哦，谢谢你。再见。（看一眼电话本再拨电话）李光的妈妈吗？你好，我是小明妈，请问小明今天有没有到你家玩呢……有啊，是吗？那现在……已经走了啊，4点多一点就走了……哦，是啊，还没回来……可能去别的地方了？嗯，可能吧。我再问问其他人吧，谢谢你。有空来玩啊，再见。（再看下一个电话号码，嘴里边喃喃自语着8—6—5）

（这时，门铃响了。母亲赶紧放下电话，急匆匆地去开门）

母亲（边开门边喊着）：小明……

（门外站着小明和李老师）

母亲（疑惑地看着李老师）：这位是……

老师：您好，小明妈妈，我是学校的心理辅导老师，我姓李。

母亲（依旧疑惑地看着李老师，但还是热情地把李老师迎进屋）：哦，是李老师啊，您好您好！请进请进！（侧身让李老师和小明进屋）

小明：李老师，请坐。（转身进去拿杯子和水）

（妈妈和李老师在沙发上坐定，妈妈看着小明的动作，小明给老师和妈妈倒上水，然后搬了把小凳子坐在妈妈的身边，再看着李老师的脸）

母亲（有点急）：李老师，是不是我家小明做了什么坏事了？他最近经常晚回家……是不是他在外面……

小明：妈，你……

老师（用温和的眼神制止了小明）：不是，小明妈妈，您别紧张。小明很懂事，他不会做什么坏事的。（鼓励地看着小明）小明？

（妈妈疑惑的眼神在小明和李老师之间游来荡去。小明看了看李老师后，慢腾腾地从衣兜里掏出药用护手霜，双手迟疑地递给妈妈）

小明：妈……妈，母亲节……快乐！（说完，便把头低了下去）

母亲（侧身接过护手霜，疑惑地看着小明）：母亲节快乐？

老师：小明，不是还有话要跟妈妈说吗？

小明（抬头看了看李老师，李老师鼓励地对他笑着点点头。转头看了看妈妈，再低头）：妈妈，今天是母亲节，我想给你一个惊喜，所以前天去买了这支护手霜，因为我记得前一阵子你洗衣服时，手破了皮……

母亲（呆住，然后开始落泪，带着哭腔）：所以，你才买了这……（举了举手中的护手霜）你……你前天回来晚是去买这东西？

小明：是啊。我前天就是去买这护手霜的，衣服湿了是因为我心里着急，走得太快，在路上滑了一跤……（抬头看着妈妈，急促地解释）妈妈，我真的不是故意晚回来的，我只是想给你一个惊喜，才……

母亲（未等小明说完，就抚摸着小明的头）：小明，为什么不早告诉妈妈呢？

老师：小明妈，小明是想给你一个惊喜啊！

母亲（转头看着李老师）：李老师……我……

小明（拉着妈妈的手）：妈妈，对不起，是我不好，让您担心了！

母亲（满含眼泪地看着小明，握紧小明的手，激动地站起来）：不，小明，是妈妈不好！妈妈不相信你，也没给你解释的机会，就主观地判断你是做了坏事……我……我……我真不是一个好母亲。

小明（摇摇头）：不，妈妈，是我不好，我不该不解释还跟您发脾气。我明知道您会担心却没有跟您说，是我不好。

母亲：不，不，是妈妈的错！是妈妈的错！

小明：是我的错……

老师（站起身来握着母子紧握的双手）：看来，谁对谁错都不重要了，这下好了，你们俩都放下了彼此的心理包袱了。其实误会的产生只是因为缺少适当的交流，只要以后多沟通多交流就不会再有同样的事发生了。毕竟理解来自沟通，而沟通则需……

母亲和小明（异口同声）：从心开始！

（三人相对而笑。所有演员一起谢幕）

（剧终）

分享：

观众1：其实父母与子女之间的相处之道就在于沟通，如果大家都能做到积极沟通，说出自己的想法，那就会多一些理解，少一些猜疑。

老师：理解来自沟通，而沟通从心开始，两代人之间的代沟，其实并非真的难以逾越，只是长辈习惯了用威严来表达自己的关心，而孩子则因为防御心理不愿对长辈敞开心扉，这才致使原本简单的事情变成了两代人之间难以跨越的鸿沟。所以，做长辈的，不妨放下架子，尝试着心平气和地与子女们谈一谈，听一听他们的心声，适当地给他们留一点自由的空间，让他们真切感受到来自父母的关心和爱护。而做子女的，也要学着向父母敞开心扉，让他们明白自己的所作所为、所思所想。当父母明白了子女在做什么想什么后，自然就会少一些猜疑、多一份信任。

【本剧本参考高思刚，《中小学校园心理剧》，福建教育出版社，2008，并在此基础上进行了补充和完善。】

二、请保持课堂纪律

（一）背景

高中的学习生活已接近尾声，还有三个月就要高考了，教室里的自习课不再像高一、高二那样嘈杂，翻书声充满了整个教室，尽管如此，大家的心也并非都在书中，或许是焦虑，或许是着急，也或许……谁也不知道彼此的内心是怎么想的，有什么样的目标，就这样迷茫地过着最后的三个月。

主角：张欣欣

辅角：婷婷、刘轩、何洋、陈梅、丹丹、刘笑

（二）故事场景

旁白：高三的寒假在成堆的作业中度过了，新的学期又开始了，却是高中的闭幕式，在这最后的一幕中，大家都在尽力发挥自己的才能，但某些人难免有浮躁之心，在开学后一周的自习课上，发生了这样一件事。

（大家都在安静地写作业，看书做题，一个跳动的字条在这个场景中显得很不和谐）

张欣欣：哎！婷婷，帮我把字条传给那谁呗！

婷婷：（一副心领神会的表情做了个OK的手势）你俩腻不腻歪啊，下课说话还不够啊，还传个爱的字条？都老夫老妻了，还写情书啊？（奸笑）

张欣欣：哎呀，说什么呢，你真八卦，快传！

婷婷：好好好。

（字条在不同的人手里传着，大家都是很无奈的表情，张欣欣一直看着字条传到了刘轩的手里，一颗心落定了，开始自己的学习，但时不时地看向刘轩，看见他似乎回复了字条，又传了回来，但是字条传到何洋那里就停了下来，只见

何洋依旧自己学自己的，似乎完全没看见桌上的字条，而刚刚传字条过来的陈梅已经又回到自己的学习世界了。张欣欣看着静止的字条干着急，不禁小声叫了一下何洋的同桌）

张欣欣：嘿，喀喀……丹丹！

（丹丹听见，看向张欣欣，张欣欣指着何洋桌上的字条，示意将字条传给她，丹丹伸手拿字条，却被何洋一手扣住了，丹丹无奈地看向张欣欣）

何洋：刚刚罚站没罚够是不是？不长记性啊，我忍你很久了，你传字条已经严重影响自习纪律了，有什么话不能下课说吗？自习课不学习，怪不得每次都考那么点儿分。

张欣欣：你说话能不能别那么难听，我传字条碍到你了吗？别人都没说什么，就你这么多事，学习好了不起啊，一看就没男朋友。

何洋：像你男朋友那样的我还不稀罕呢，没有脑子。

张欣欣：你！你说谁没有脑子？

丹丹：好了，你俩别吵了，等会儿班主任来了，都学习吧，有话下课再说。

张欣欣：谁要跟她说，神经病！

旁白：对于最近的自习状况，班主任从班干部那里了解到一些情况，觉得有必要整顿一下，就开了一次班会。

老师：最近，有同学和我反映自习课的纪律不是很好，传字条现象很严重，严重影响了大家的学习。

张欣欣（小声）：嘁，肯定是何洋说的。

刘笑（推了推她）：别说话，老师看你呢。

张欣欣（小声嘀咕）：本来就是嘛。

老师：咱们这节课就先不自习了，大家放松放松，我们解决一下传字条的问题。下面我请几位同学上来配合一下，模拟自习课场景，有没有自愿的？（看向下面，有几个举手的）好，这几位同学到台前来。

（5名同学走到了讲台上）

老师：我说一下，你们需要做什么，第一个人是想传字条的人，中间3个帮第一个人传字条，最后一个将字条拦截，比较气愤地说了第一个传字条的人。你们想象自己在上自习即可，好，我们开始吧。

同学1（写好字条，推推同学2，示意帮忙传一下）：帮我传给刘欣呗，谢啦！

（同学2极不情愿地接过字条，此时老师示意他说出自己内心的想法）

同学2：唉，真讨厌，这道数学题好不容易想出点眉目来，又被打断了，又要重新想一遍，烦死了！还有那么多作业，什么时候写完啊！

（老师示意他继续传字条，传到下一个人，老师仍旧示意他说出自己在想什么）

同学3：My God！完了，背到哪儿了？这破字条早不来晚不来，偏偏在我背课文时来，又得从头背了，好不容易才背到这儿的啊，唉……

（继续往下传）

同学4：哎呀，这字条怎么没完没了啊，真是懒得传，都不能自觉点吗？自习课又不是让你传字条用的，唉，不传还不行，真是麻烦！

（传到了最后一个人，同学5不接，同学4直接扔到了他的桌子上，同学5拿起字条）

同学5：谁传的字条？（看向同学1）你还有完没完了？有什么话不能下课说吗？非得上课传字条，让一堆人帮你服务，你好意思吗？你已经严重扰乱自习纪律了，没发现吗？怪不得每次考试都考不好。

同学1：你说话能不能别这么难听，我招你惹你了？

同学5：大家都不愿意帮你传字条，你看不出来吗？你还真是脸大！

同学1：你……

（老师示意他们停止）

老师：刚刚只是个模拟场景，大家缓和一下自己的情绪，谢谢你们的配合。想必大家能够感觉出来，传字条已经影响了自习纪律，对于传字条这件事，大家的看法可能都不太一样，可能有些人觉得无所谓，但是我想大部分同学应该都不喜欢。今天大家就把心里的想法说出来吧！

同学1：说实话，我真觉得传字条没什么意义，影响别人学习不说，你自己也学不好，有什么事不能下课说吗？如果说是很要紧的事情，传一次字条说明白了，我倒是可以接受，可是来来回回从上课传到下课，我想谁都会很烦的。

同学2：确实，我也很讨厌帮人传字条，上自习课就应该好好学习，除了学习之外，剩下的都是不必要的。传一次字条得经过好几个人，一连串人都不能好好学习了，我们还不好意思说什么，传字条的人应该自觉一些。

同学3：不仅仅是传字条，自习课偶尔还有讲话的声音，我觉得大家都高三了，应该忙于复习，不应该再荒废时间，高考在即，我们的复习时间越来越短，我想，现在没有人敢保证一定会考得很好，大家还是一起努力吧，自习课好好学习，保持好自习的纪律。

老师：那么，大家都觉得传字条不可取，以后希望大家能够记住，自觉保持自习纪律。

（此时，张欣欣举手）

张欣欣：老师，我觉得，刚刚第一位同学扮演的应该是我吧，看了他们的表演，我真觉得传字条确实挺让人讨厌的。以前的我只顾及自己的感受，却没有了解在传字条的过程中大家的想法，我在这里向大家道歉了，以后我会用实际行动改正的，一定保持好自习纪律！

（剧终）

（该剧呈现的是心理情景剧在主题班会上的具体运用，分享点已在剧中出现，在此不再赘述）

三、请给我一杯水

（一）背景

嘉芳从小受到父母的严格管教，一有差错就会受到严厉的斥责，这使她的心灵受到了创伤，缺少自信心，以至于在学校里一受到老师的批评，就产生自卑感，限制了潜力的发挥。后来在老师和同学们的帮助下，嘉芳终于战胜了自我，克服自卑，重新树立了自信心。

主角：嘉芳

辅角：洁雯、大明、大壮、语文老师

（二）故事场景

（时间：上午最后一节课后；地点：教室外台阶）

（嘉芳低头走来，坐在台阶上，捂住脸抽泣。洁雯，四下张望）

洁雯（喊）：嘉芳，嘉芳，嘉芳……嘉芳，怎么还不去吃饭，我等你有10分钟了！（嘉芳不语）你哭了？你怎么了？谁欺负你了？告诉我，我找他算账去！是不是大明？（嘉芳摇头）是不是大壮？（嘉芳摇头）那到底是谁？（嘉芳摇头）（洁雯茫然）

洁雯（柔和地）：嘉芳，是不是我，我做错了什么事，惹你伤心了？

（嘉芳伏到洁雯肩上，哭诉）

嘉芳：不是，都不是，班长。是我自己……不争气……

洁雯：不争气？你自己？

（嘉芳慢慢坐正，慢慢擦干眼泪）

嘉芳：刚才语文课上老师提问，我没回答上来。下午第一节还是语文课，我真没勇气再进教室。

洁雯：这很正常呀，谁都不能每次都回答上来的。再说，语文老师也没有批评你呀。

嘉芳：可这是第5次了，每次我都想好好回答，可每次都说不完整，半途而废。

洁雯：是你太紧张了，我感觉到你回答问题时手都哆嗦了，脸都有些白了。可你平时也不那样呀，像现在，我们不是谈得很好吗？

嘉芳：可我一到课堂上就慌，就怕……

（大明、大壮两人抱足球上场，谈得火热，大笑）

大明：趁午睡前再踢两脚，这次练一练过人，注意我的假动作，就这么一晃，再一晃……

大壮（点头，看见嘉芳、洁雯走过来）：Hi！班头，嘉芳，到操场上看未来的小贝和巴蒂练练脚，看谁更有希望踢出地球，走向宇宙……我不是吹……

洁雯（挖苦）：你当然不是吹了，你看校园里哪儿还有牛了？把纸巾交出来。

大壮：谨遵班头之命。（动作夸张，掏出纸巾递过去，洁雯接过。看嘉芳、洁雯没动，面面相觑，感觉气氛不对，关切地看看嘉芳、洁雯）

大壮：嘉芳，怎么了？眼里进沙子了？

大明：这小事我太会解决了。小时候，我眼里一进沙子，我妈就给我吹，有时还翻眼皮。（对大壮做动作）

洁雯：行了行了，耍什么嘴皮子，净添乱！（帮嘉芳擦脸）

（大明被责备，不知所措。大壮为缓和气氛，坐在嘉芳身边，示意大明也坐下，大明不坐，低头盘球）

大壮（小心翼翼地）：嘉芳，你怎么了？我们惹你不高兴了吗？

嘉芳：不是不是！你们对我都挺好的！（眼含泪水，面带微笑）

洁雯（对大明）：大明，来，坐下！改天看你的球技，今天就聊一会儿吧！

（大明一晃身子，球垫在身下，坐在3个人对面）

大明：嘉芳，我知道你想啥呢！是不是今天上课没回答上来老师的问题……我当时在你背后笑了，你别生气了，我不是有意的。

（大壮附和）

洁雯：嘉芳，那次你给我们3个人读课本上的一首诗，读得蛮好的，可为什么一上课当着老师的面就害怕呢？

嘉芳：嗯……（抽泣）

洁雯：说吧，说出来可能会好些的。

大明、大壮（用鼓励的眼神望着嘉芳）：说吧，嘉芳，为什么？

嘉芳（擦眼睛）：我给你们讲个故事吧。从前，有个小女孩，从小很聪明，身边的人们都夸她。她爸爸是小学语文老师，对她期望很高，要求极严，天天让她背古诗，小女孩也很努力。有一天到爸爸的学校去，很多老师夸她聪明，要她背诗。她背了一首又一首，掌声和夸奖一遍又一遍。她看到爸爸脸上笑着，特别得意。可是在一首长诗上她卡住了，想不起来了，停了10多秒钟也没想起下句。这时，她看到爸爸的笑消失了，眼神里有着一种恼怒。她越来越紧张，终于她听到一声呵斥：滚回家去！（停止讲述，伏在胳膊上哭泣）她当时只有5岁……

洁雯（搂住嘉芳肩，连声劝慰）：别哭，别哭……（给嘉芳擦泪，自己的泪也流下来，自己拭泪。大壮低头不语，大明气闷闷地用拳击地）

嘉芳（情绪渐缓，继续讲述）：后来小女孩长大了，上初中了，她一直很努力，学习也很好。可是初二的一堂物理课上，老师让她念题，她可能太粗心了，竟然念错了两处关键词。她满心羞愧地望着物理老师，她看到的是……10年前的眼神，10年前的脸色，还有10年前一样严厉的话：想不到像你爸那么聪明的人，竟有你这样蠢的孩子……（又哭起来）

（洁雯帮嘉芳擦泪。大明站起身，一脚将球踢飞，气呼呼地叉腰在原地转来转去）

大壮（大叫）：可恶！可恨！太可恨了！

洁雯（同情地）：我明白了。嘉芳，对不起，我对你了解少，对你的关心太少了。（一时四人沉默）

大壮：重要的不是过去，而是现在。咱们语文老师说过，过去的已经过去，将来的还没到来，能把握的只有现在。嘉芳，咱们从不同的初中上来，每个人都经历过自己的挫折。现在就应该忘记过去的失败，重新开始，在高中的起跑线上，我们大家都是同时起步的。

大明：对，拿出勇气，从头再来！

洁雯：我们就像这树上的叶子，每一片都有权利分享阳光。让咱们前后桌的4个人齐心合力，共同进步，相信3年后以至将来，胜利终究会属于我们！（伸出手，大明、大壮也伸出手看着嘉芳）

（嘉芳迟疑后，坚定地伸出手，用闪亮的眼神扫视三个人。四人用力伸手一握，一齐说：共同进步）

洁雯：嘉芳，你还紧张吗？

嘉芳（摇头）：不紧张了。

（大明走过去捡回足球，重新坐下）

洁雯：今天的阳光真好，这样的气氛多难得呀。咱们每个人讲个故事怎么样？（大明、大壮表示赞同）

大壮：我先讲，我的笑话可多了。一个醉汉不小心从楼上摔下来，引来一大群路人围观。一个警察走过来问醉汉："发生了什么事？"醉汉回答："不清楚，我也是刚到的……"

（嘉芳、洁雯、大明三人笑起来）

大明：我也来一段，讲不好，各位赏脸多给点笑声，先行谢过了。女护士看到男患者在病房里喝酒，就走过去小声制止，说："小心'肝'！"男患者微笑着说："小宝贝！"

（嘉芳、洁雯、大壮三人大笑，嘉芳笑倒在洁雯身上，大明自己也把球坐丢了）

洁雯：看来说笑话我实在不是对手，我朗诵一首诗吧，可惜没有音乐伴奏。

大壮：没关系。我这有炎症的鼻子音效可不错。（用两根手指头交替按鼻翼，哼《命运》曲，被嘉芳笑着打掉）

洁雯：朗诵普希金的诗歌《假如生活欺骗了你》

假如生活欺骗了你，

不要悲伤，不要心急！

忧郁的日子里你需要镇定，

相信吧，快乐的日子总会来临。

心儿永远向往着未来，

现在却常是忧郁；

一切都是瞬息，一切都将会过去，

而那过去了的将会成为亲切的怀念。

（洁雯诵毕，三人鼓掌）

嘉芳（迟疑地）：那……我也来一段吧。

（这时语文老师走过来）

大明（轻声）：语文老师来了。

（老师看到4个人，打招呼）

老师：洁雯、嘉芳、大明、大壮，有什么高兴的事笑成这样？

洁雯：我们在讲笑话呢！

大壮：轮到嘉芳了。

洁雯（眨眨眼，灵机一动）：老师，您平时上课很严肃的，一点笑容都没有。今天就请您先来一段吧。（推推嘉芳，向大明、大壮示意）

大明（故意地）：老师会讲笑话吗？我怀疑……

老师：古语说“士可杀，不可辱”，我来一段，谁不笑上课我罚谁……

洁雯、大明、大壮（齐声）：不许说“罚”！

（老师惊讶，目视四人，不知说什么好）

大壮：应该是“奖励”……（向老师示意嘉芳，嘉芳则低头抠手指甲）

老师（醒悟）：对对，是奖励，奖励不笑的人上课一直微笑。话说某学校要召开运动会，办公室的老师听说开幕式上要放鸽子、放礼炮、放气球，就议论纷纷。生物老师说：“这些鸽子放飞了真可惜，要是能抓住一只两只做熏鸽子，你说多好吃！”历史老师说：“咱们不是有礼炮吗？干脆就用礼炮轰下几只来。”语文老师说：“礼炮里面也没有炮弹啊！”物理老师就说：“不用怕，利用礼炮的声波把它们震下来。”这时在一边一直没吭声的英语老师说话了：“你以为鸽子就这么脆弱呀？人家练听力都练了好几年了！”

（嘉芳、洁雯、大明、大壮都大笑不已）

老师（也笑了，望着嘉芳）：嘉芳，你也来一段，给我们的小聚添些光彩。

嘉芳（抬头望望大家）：行，我就背一段陈敬容的诗《铸炼》。（怀着深

情朗诵）

将最初的叹息，

最后的悲伤，

一齐投入生命的熔炉，

铸炼成金色的希望。

给黑夜开一个窗子，

让那儿流进来星辉，月光，

在……在……绝静的……（声音有些颤抖）

（洁雯、大明、大壮、老师紧张地看看嘉芳，洁雯轻轻地握着嘉芳的手）

嘉芳（停顿了两秒，盯着前方，轻声说）：请给我一杯水……

大明：等一下。（起身跑下，再上来时，手里握一杯水）给你……

（嘉芳接过水，望着大家，表情复杂，脑中闪过那些曾经的画面，爸爸的责备，初中物理老师严厉的眼神，一桩桩一件件刺痛她弱小的心灵，她已经不知该如何继续，此时她低头喝了一口水，大壮接过水杯。嘉芳看着大壮期待的眼神，老师亲切的微笑，她镇定精神，重新朗诵）

在绝静的深山，一片风

就能激起松涛的巨响。

不眠的夜，梦幻与烛火

一同摇落，一同……

嘉芳（停顿，盯着前方，大声地）：请给我一杯水！

（洁雯抢过水杯，递给嘉芳。嘉芳大喝一口，重新开始）

一同摇落，一同向暗角缭绕又低翔。

当一声钟敲落长夜，

哭泣吧，亲爱的心啊，

窗上已颤动着银白的曙光。

（大家鼓掌喝彩，嘉芳喜极而泣，伏在洁雯的肩上，而后抬起头，微笑）

嘉芳：谢谢大家，谢谢老师！

大壮：你真了不起，咱们班又出了一个才女，一个高水平的朗诵家。

大明：你真行，以后就收我做徒弟吧。

老师：嘉芳，你成功了！你真行！（鼓励地）能战胜自我的人，他的眼里没有困难，在以后的人生道路上也会成为真正的强者。

洁雯（真诚地）：下次我还给你倒水，我天天给你预备着。

老师：走吧，我们准备上下午课。我决定在课上给自己一个惩罚……不，奖励！

嘉芳、洁雯、大明、大壮：什么奖励？

老师（轻声慢说）：始终微笑。

大明：千万别笑了。

（众人疑惑。大明拉老师走开，面对观众。其他人偷偷围上来，笑着窃听）

大明：我才知道您上课时为什么一脸严肃了——您一笑特像崔永元！

老师：……崔永元？（愣在当场）

（其他人掩口笑着跑下。老师愣了一会儿，醒悟）

老师：这群小家伙！

（剧终）

分享：

观众1：我认为作为家长，应该调整自己的期望值，给予孩子足够的空间，不要让自己的期望伤害孩子的自尊心。

观众2：每个家长都望子成龙，望女成凤，但是要注意方式方法，多给孩子鼓励，进行赏识教育，这种教育方式下成长的孩子才会更加自信、自强。

老师：大家说得都对，父母是孩子的启蒙老师，他们的一言一行都会给孩子带来深远的影响。所以，作为父母，应该注意自己的教育方法，给予孩子充分的鼓励，这样有利于帮助孩子建立自信心，克服自卑心理。

观众3：老师，我有时也会有这种自卑情绪，总觉得什么事情都做不好，感觉自己哪里都不如别人，我应该怎么做呢？

老师：自卑是因为对自己的认识不够正确，不能给予自己正确的评价，或者是总接受一些对自己不好的评价，然后缺乏对自身的客观评价，久而久之产生了自卑心理。所以一个正确的自我认知是非常重要的，你可以将自己的优点和缺点罗列在一张纸上，每天都回忆一下今天所经历的，有什么做得好的和不足的都写上去，长此以往，你就可以了解到自己是怎样一个人，对自己有一个全面正确的认识，当然也就不会因为外界因素或者自身因素对自己做出不客观的评价了，自卑也会在对自我的了解中慢慢消除。

【本剧本参考高思刚，《中小学校园心理剧》，福建教育出版社，2008，并

在此基础上进行了补充和完善。】

四、手机

（一）背景

小意是一名生活在单亲家庭中的学生，她有一部旧手机，也常因此受到同学的嘲笑。为了能让自己在同学面前抬得起头，她决定以旧手机丢失为借口向父亲提出买部新智能手机，然而父亲却以价格昂贵为由拒绝了小意。小意气冲冲地与父亲争吵起来。小意生日那天，出乎意料地收到了父亲送给自己的礼物：一部新手机。她一拿到手机就向同学炫耀。但当得知父亲下岗以及亲眼见到父亲为满足自己的要求去百货公司当搬运工的情景时，小意心里再也无法平静，于是她把手机卖给同学，并说明事情的真相，请求父亲原谅。

主角：小意

辅角：爸爸、小如、商场主管、小梦

（二）故事场景

第一幕

（地点：某公园）

配音：丁零……（手机声）

小意（拿出手机）：喂？爸啊！我正和同学一起玩，晚点回去……好啦，我知道了。我会尽量早点的，拜拜！（挂电话）

小梦：小意，你这不是手机吧！铃声那么土！

小意（不好意思地低声说）：是手机，就是……

小梦：怎么不让你爸给你换个新的？（拿出自己的手机）看，这是我新买的，三星！可以拍照，还有上网和MP4功能！

小意（接过手机仔细把玩）：真不错……可是，我这手机又没有坏，怎么能……

小梦：嘿嘿……（得意状）你知道我为什么常常换手机吗？告诉你，只要和父母说手机丢了，他们自然就会给你买的！

小意（犹豫）：可是……

小梦：好了，我们回家吧。小意，拜拜！（起身到前方，下台）

小意（若有所思）：拜拜！

【注】以下部分运用的是心理情景剧中的独白技术，独白是指主角直接面对观众说话，表达一些观众不能觉察的感受和思想，凸显主角内心的想法和挣扎。

小意（独白）（转身，自言自语）：如果我也能有一部新手机，就不会再有同学笑我了。可是，我是单亲家庭，爸爸一个人辛苦工作，还要负担我和姐姐的学费，一部新手机太贵了，到底要不要骗爸爸呢？（转念一想）可手机能拍照还能听音乐，确实比我这个好多了！

第二幕

（地点：家中）

（小意回到家中）

小意（犹豫着开口）：爸……

爸爸：小意，你回来了啊！和同学出去玩开心吗？

小意：爸……我……我把手机……弄丢了。

爸爸：丢了？（安慰道）没关系，没关系，爸那部先给你用，过几天再去淘一部。

小意：我……我想买智能手机。

爸爸（愣住）：智能手机啊……（犹豫一下）好吧！过几天爸买部二手的给你。

小意（激动起来）：我不要二手的！我要的是新手机，要最新款的！

爸爸（叹气）：你这孩子，怎么这么……要是你妈还活着……

小意（大叫）：要是我妈在，她早就买给我了！（跑进房间，“砰”的一声关上房门）

爸爸（叹气）：唉……这……（作无可奈何状，下台）

第三幕

（地点：家中）

旁白：从那天起，小意已经好几天没和父亲说话了。

小意（回到家）：咦？没人在家。（看到桌上有个盒子，走过去，拿起压在盒下的卡片。《生日快乐》歌响起）

爸爸（画外音）：小意，盒里是你要的新手机，祝你生日快乐！

小意（开心地捧起盒子）：太好了！我有新手机了！

第四幕

（地点：学校里）

（丁零……下课铃响了）

旁白：下课后，大家都围着小意，看她的新手机。

小梦：哇！小意，你这可是三星的最新款耶！还能录像呢！

小意（得意地）：当然好了，这可是我爸给我买的生日礼物。

小奇（凑近看）：哟，这不是我刚刚看中的那款吗？小意，你这手机卖给我怎么样？我出原价，我可不希望班上有人和我用一样的。

小意（大声地）：才不卖呢！给多少钱也不卖！

小梦（对小奇）：有什么了不起！你不就是有钱嘛！

小奇（不屑地）：哼！

第五幕

（地点：家中）

旁白：晚上，上大学的姐姐小如也回来给小意庆祝生日。晚餐后，小如来到小意房间。

小如（抬手敲门）：小意。

小意（藏起手机）：请进。

（姐姐进门）

小意：姐，有事吗？

小如：小意，过了今天你就18岁了，姐姐想了想，还是要告诉你一件事……

小意：什么事？

小如：爸不让我告诉你，但你已经成年了，该知道些事……其实，爸在两个月前就……（停顿一下）下岗了。

小意：什么？！

小如：另外，我明年毕业后也不打算读研究生了……

小意：什么？姐，可你不是已经被学校保送研究生了吗？

小如：你还得上学，爷爷奶奶看病也需要钱，我早一点出去工作也能帮帮家里，减轻爸的负担……

（小意羞愧地低下头，不再说什么）

小如：我明天一早还要回学校，你也早点去休息吧！（告别下台）

小意（独白）：姐那么好的成绩却要……而我还这么不懂事地要买新手机。可是，都已经买了，我……（拿出手机）我还是舍不得呀……

第六幕

（地点：放学途中）

小梦：没想到你爸那么容易就买给你了，真好！

小意：这当然……（突然看着前方，停下脚步）

小梦：怎么了？（顺着小意看的方向看去）

（小意的父亲正在搬商场沉重的货物，旁边的主管正在大声训斥父亲）

主管：快点搬啊！里面等着货呢！小心点，这些可是瓷器，弄坏了你赔不起！

爸爸（点头哈腰）：是是是……

【注】以下部分运用的是心理情景剧中的静态具象化技术，就是将剧中的某一瞬间定格，使这一定格的场景在剧中始终以静态的方式呈现给观众，目的是强调这一瞬间场景所表达的抽象含义，通过静态画面持续刺激观众的视觉感官，以强化观众对剧情表达含义的理解。

（特写：父亲的背被沉重的箱子压得弯弯的，他头上的汗水滴落下来，嘴唇紧咬着，两只粗糙的大手紧紧拖着箱子）

小梦：那人你认识啊？他是商场的搬运工，好像是新来的吧？以前没见过。

（小意双手掩面，蹲下哭了起来）

小梦：你怎么了，小意？

（配乐《星之所在》）

旁白：直到这一刻，小意才真正明白，父亲为了满足自己的要求吃了多少苦……在哭泣中，小意感觉到心中那个似乎被遗忘的角落，正由麻木转为疼痛，一种血脉相连的痛……

第七幕

（地点：家中）

爸爸（回到家中）：咦，小意，你已经回来了啊！我马上去做饭……

小意：不用了爸，饭我已经煮好了。

爸爸（惊讶）：咦？煮好了？！呵，我女儿长大了呀，懂得帮爸爸的忙了。

小意：爸……这个给你。（递一个信封给父亲）

爸爸（接过信封）：呀！这些钱是……

小意：爸，我把新手机卖给同学了……

爸爸（接过）：什么？！可你不是很喜欢那部手机吗？

小意：姐告诉我你下岗的事了。爸，是我不懂事，不该那么贪慕虚荣，其实……我的旧手机根本就没丢！（拿出来）对不起，爸……你以后也别去商场搬东西了！

爸爸：你……你知道了……都是爸没用，爸没本事，不能让你和你姐过上好日子……

小意（抢断父亲的话）：不是的！ 爸，妈走后那么多年，都是您一个人工作养家，还要照顾我和姐姐，您已经很辛苦了。

爸爸：小意，你是真的长大了！ 你和你姐都这么懂事要，爸知足了……

小意：爸！（趴在父亲膝上哭泣）

（配乐《星之所在》，全体演员上台）

旁白：在现代社会，亲情或许已不再是流行的主题，但这种与生俱来的情感却是我们生命中不可磨灭的记忆。

（剧终）

分享：

观众1：虚荣心每个人或多或少都会有一些，这本身无可厚非，但是如果过于追求那些表面的东西，不仅仅会迷失自我，更会给家人带来负担。

观众2：在我们同学中普遍存在攀比和追慕虚荣的现象，明明身处学校，花着父母的血汗钱，却并不想要好好学习，而是盲目攀比，甚至炫富。对于这种现象，我们必须有个明确的认识。

观众3：父母是我们这辈子最亲近的人，他们为我们付出了太多太多，我们现在或许还没有能力赚钱养家，但是至少我们应该体谅父母，不应成为他们的负担。

老师：大家说得都非常好，人不管处于一种什么样的境遇，都应该保持一种平静乐观的心态，多想一想自己拥有什么，而不要总想着自己没有什么，树立一种正确的人生态度，将昨日的负担化为今天前进的动力，终有一天会收获成功。

五、新天地

（一）背景

高中，是人生一个新的篇章，有许多事情可能都会有所变化，而面临的第一个大的变化就是——住校。现在大多数家庭都是独生子女，从小宠到大，有的可能连袜子都没有洗过，事事都依赖父母，生活上无法自立，本篇的主人公就处在这个阶段，她到底能不能克服住校的困难呢？

主角：楚楚

辅角：楚楚爸爸、楚楚妈妈、楠楠、小彤、琳琳、小彤1、小彤2

（二）故事场景

第一幕

旁白：中考的紧张气氛已经过去两个月了，即将迎来的是步入高中校园的兴奋，大家都在憧憬着高中生活。但我们的主人公楚楚似乎并非如此，在她的身上笼罩着浓浓的担忧，此时此刻正依依不舍地与父母道别。

楚楚：妈妈，我不想住校，我从来没有离开家睡过觉，我怕不适应宿舍的床。

妈妈：楚楚，刚开始大家都不适应的，慢慢习惯就好了。

楚楚：可是，我不想离开家，不想离开你们……（啜泣）

妈妈：你都上高中了，已经长大了，不应该再依赖爸爸妈妈了，你要学会自己照顾自己，周末不是可以回家嘛！

楚楚：宿舍里的同学们我都不认识，跟一群陌生人同居一室，感觉好别扭啊。

爸爸：怎么能是陌生人呢？以后你们要朝夕相处3年呢，她们就是你最亲的人，比和父母在一起的时间都长，你有什么困难她们都会帮助你的。

楚楚：可是……

爸爸：好了，别可是了，快回宿舍吧，跟室友好好处啊，爸妈先回去了。

楚楚：好吧，爸爸妈妈再见！有事我给你们打电话啊！

妈妈：好，爸爸妈妈走了！

第二幕

（楚楚不舍地目送着爸妈开车离开，回到了宿舍）

旁白：宿舍里的3个小伙伴已经收拾好了行李和床铺，正在左一句右一句地闲聊着，楚楚的推门而进让原本就不热烈的谈话戛然而止，大家都望向门口的楚楚，楚楚觉得一阵尴尬，又不知该说什么，大家僵持了几秒钟，一个同学打破了宁静。

楠楠：哎呀，站着干吗呀，过来咱们一起聊聊吧。

小彤：是啊，快过来坐，刚刚大家都互相介绍过了，你也介绍一下吧。

楚楚：嗯……我叫楚楚。

琳琳：楚楚……楚楚动人！一看就很淑女，我叫琳琳，以后咱们就是室友了。

楠楠：我叫楠楠！

小彤：我是小彤。

第三幕

旁白：大家说了一会儿话就各自做自己的事情了，就这样，她们开始了人生的新篇章。在自己的小小天地里学习生活着，但这个小天地似乎并不适合楚楚，由于在家里习惯了父母的“伺候”，学校的独立生活使她措手不及，不知道该如何去当一个住校生。第一天由于被子叠得不好，扣了1分；第二天床单不整齐，扣了1分；第三天……

楠楠：唉……分再这么扣下去，咱们的优秀寝室可就希望渺茫喽！

小彤：你想多了吧？还优秀寝室？不通报批评就不错了。哎？我说，她还能不能整好自己的窝了？

琳琳：哎呀，你们也别这么说，楚楚她以前没住过校，肯定还不适应住校的生活。

小彤：还不适应？都两周了，还是在扣分，这适应期也太长了吧？

楠楠：唉，算了，再给她点时间慢慢适应吧，咱们以前不也是这么过来的吗？

小彤：我看，她纯粹是在家被惯坏了，公主一个！

（这段对话被门外的楚楚全都听到了，楚楚推门而进）

楚楚：对！我就是被惯坏了，我什么都不会，就会扣分，这破宿舍我还不想住呢！（转身欲走，被琳琳叫住）

琳琳：楚楚，小彤不是那意思。

楚楚：那是什么意思？不就是嫌我影响了你们优秀寝室的评选吗？

琳琳：不是……

小彤：对，我就是这意思，怎么样？你还有理了？我们内务都收拾得很好，就是因为你，我们才评不上优秀寝室，你好意思吗？

楚楚：我……这寝室我不住了行吧？我回家！（摔门离开）

琳琳：楚楚……（转身对小彤）怎么说也是室友啊，你说得有点严重了吧。

小彤：看不惯你也走啊！

楠楠：哎呀，楚楚都气走了，你俩就别再吵了，这寝室以后还住不住了？

小彤：我看啊，就咱们仨住，挺好！

琳琳：你怎么还是不能为楚楚想想呢？唉……（开门走出去）

小彤：我又没错，跟我生什么气。

楠楠：唉……

第四幕

旁白：接下来的几天里，楚楚与大家保持冷战，小彤仍旧认为自己没有错，琳琳从中调解多次也无果。这天，大家还一如往常地僵持着。

小彤：烦死了，这东西怎么这么麻烦！

楠楠：你干吗哪？（看一眼）又在织围巾啊？你都弄好几天了，怎么还没弄明白啊？

小彤：就这堆破线，缠来缠去的，麻烦死了！整了好几天才织出这么一点儿。

楠楠：我看你还是放弃吧，手工对于你来说，就是折磨！

小彤：要不是马上冬天了，怕我男朋友冻着，我才不费这事呢。

楠楠：哟……瞧把你们甜蜜的，你干脆买一个得了。

小彤：那可不行，自己织出来的比较有爱嘛！

楠楠：得得得，你织你的吧。（又折腾一会儿，小彤拿着围巾找琳琳）

小彤：琳琳，要不你教教我吧，我还是不怎么会啊，真是闹心。

琳琳：唉，好吧，你看一下。（手比画着）你说你，都一周了，怎么还不会啊？

小彤：哎呀，给我点适应的时间嘛，我又没织过。

琳琳：这个还需要适应？

小彤：需要啊。

琳琳：那楚楚住校就不需要适应吗？

小彤：那怎么能一样？我从来没碰过毛线这些东西。

琳琳：楚楚也从来没住过校啊！

小彤：这……

琳琳：你会了吧？（递给小彤围巾）

第五幕

（小彤若有所思地回到了自己的床上，晚上，小彤在床上翻来覆去睡不着）

小彤（独白）：今天琳琳说的好像有道理，织个围巾学了一个礼拜都学不会，更何况是住校呢，不对，住校比织围巾简单多了，呃……可能这是对于我来说吧……那我是不是说得太严重了？要道歉吗？不，太丢人了，我也不是很过分嘛，慢慢就会好了……可这都一周了，根本丝毫想要和好的迹象都没有嘛……哎呀，我关心这个干什么，啊……烦死了！！算了，再说吧！

（就在小彤要睡觉时，听见了一丝微弱的呻吟声，好像有人很难受的样子，仔细辨认方向，隐约感觉是从楚楚那边传来的）

小彤：怎么回事？楚楚她不舒服吗？

【注】以下部分运用的是心理情景剧中的多重替身技术，就是根据心理情景剧所要表现的矛盾冲突安排一个以上的替身，如在主角出现选择性困惑时，可以让主角陷入沉思，背后的两个替身分别代表一个选择，进行争辩或者互相用语言攻击对方的缺点。这种表现形式往往使主角的内心冲突表现得更生动、具体、形象。

小彤1：她不舒服又不关你的事，你瞎操什么心？别忘了，你们可是在冷战呢！睡觉吧，等会儿就听不见了。

小彤2：楚楚可能病了啊，现在应该非常需要你的帮助，听起来她挺难受的呢，你去看看她吧。

小彤1：看什么看，别人都没去看，你就别瞎掺和了。

小彤2：（对小彤1）你怎么这样，没看见别人都睡着了吗？当然没人去看了，你也太小心眼儿了，一点也不大方，人家都生病了，你就不能关心一下吗？还在计较冷战的事，那点小事就不能先放一放吗？

小彤1：那怎么可以？这就等同于我先低头了。

小彤2：说你小心眼儿你还不信，这种情况下谁会那么想？小彤，快去看看吧，楚楚现在一定很难受，袖手旁观可不像你的性格。

小彤1：不准去！

小彤2：快去吧！

小彤：哎呀，烦死了，听着这声音我也闹心，去问问怎么回事。（下床，走到楚楚床边，推了推她）

小彤：楚楚，楚楚，你怎么了？

楚楚：嗯……热……难受……

小彤（摸摸楚楚额头）：哎呀，这么烫，发烧了，你有没有药？我给你拿。

楚楚：没有。

小彤：怎么不备点感冒发烧药啊，我有，你等等啊。（翻箱，找到药，倒了杯水）来，把药吃了，等会儿就不难受了。

楚楚：谢谢。

小彤：我给你把毛巾弄湿敷你头上吧。

楚楚：嗯。

（小彤出去洗了毛巾，回来放在了楚楚头上）

小彤：是不是舒服点了？

楚楚：嗯。（点头，小彤欲离开，楚楚拉住她）

小彤：我不走，等会儿毛巾凉了叫我，我再给你洗一下。

楚楚：不，我不是这个意思。

小彤：要我在这陪着你？

楚楚：不……不用……我……那天……

小彤：你先好好休息吧，有事过两天再说。

楚楚：好吧。

小彤：睡吧，我陪你。

楚楚：你回去睡吧，我没事的，明早就好了。

小彤：嗯。

第六幕

旁白：第二天，小彤早早起来给楚楚吃了药，又给她敷了毛巾。其他人都和往常一样，做着自己的事情，洗漱回来后发现楚楚还没起床，感觉有些不对劲，就来到了楚楚床边。

琳琳：楚楚，你怎么了？不舒服吗？

楚楚：嗯，昨晚发烧了。

琳琳：现在还难受不？吃点药啊。

楚楚：吃过了。

楠楠（摸摸楚楚头上的毛巾）：还是湿的呢。

楚楚：嗯，小彤帮我弄湿的。

楠楠：小彤？你俩和好啦？

楚楚：嗯。

小彤：对啊，和好了，怎么了，你不愿意啊？

楠楠：当然愿意了，这几天都要被寝室里的空气冻伤了，终于可以松口气了。

小彤：行啦，你。（看向楚楚）说实话，可能真是我太苛刻了，只允许自己有适应期，却不给你适应的机会，说到底还是我太自私了，住校生活不是那么快就能适应的，想起来，我初中住校也适应了一个月呢，你这才两周就已经适应这么好了，比我强多了。

楚楚：不怪你，我确实什么都不会，你们肯定会嫌弃我，我在家没做过这些，你说得没错，我就是个公主，我以后会越做越好的，你们多帮帮我吧，就不要嫌弃我啦！

琳琳：我们没有嫌弃你啊，既然和好了，咱们以后就好好相处吧！

楚楚、楠楠、小彤：嗯！

分享：

老师：住校确实是高中要面临的一大问题，但这仅仅是自己生活上的问题，最重要的还有室友之间的相处，关于这一方面大家有什么想法吗？

观众1：我觉得高中最需要处理好的就是寝室关系，因为毕竟要在同一屋檐下住3年，抬头不见低头见的，如果关系紧张了，就会影响彼此的心情，在寝室里就会感觉很压抑，长此以往，大家都会有很大的压力，会给学习和生活都带来不便，这应该不是我们想要的。

观众2：寝室对于我们来说就是第二个家，寝室应该是温暖的，大家应该互相关心，而不是冷语相对。有时候，大家都忍让一分，好言相对，任何问题都会解决的，我们要保持一颗宽容的心，包容朋友的缺点，可以委婉指出并帮助她们及时改正。在背后议论别人的是非，这是很不道德的，并且当当事人知道你在背后议论他时，心里肯定不是滋味，很容易使我们产生隔阂。

老师：大家说得都很重要，室友就好比亲人一样，要互相关心才可以，同时包容、接纳她们的不足，这样，才能够一起愉快地生活。谢谢大家的分享！

六、宿舍风波

（一）背景

通过发生在宿舍的“病毒性疱疹”风波，探讨在学生的寄宿生活中，面对一些意想不到的特殊情况时，要怎样更好地处理，学会自我负责与友善助人，保持良好的同学关系。

主角：丁

辅角：甲、乙、丙、生管老师、校医、班主任（张老师）、同学若干

（二）故事场景

第一幕

旁白：故事发生在一个寄宿制高中。晚自习下课的铃声一响，陆陆续续的人群走在从教室通往宿舍的路上。丁和她的好友兼舍友丙也在人群中。

丁：哎，丙，我从晚自习时就觉得嘴唇有灼烧的感觉，搅得我一个晚上都做不好作业，快帮我看看我的嘴唇怎么回事！

丙（将丁拉到路灯下仔细瞧了瞧）：真的呀，你的嘴唇肿了，快回宿舍照

照镜子看看怎么回事。（丙拉起丁，急冲冲地往宿舍跑）

旁白：丁回到宿舍，看见镜子里自己的嘴唇肿得像香肠那般，倒吸了一口气。两人决定到生管办公室寻求帮助。

（时间：22：25；地点：生管办公室）

丙、丁：报告！

生管老师：噢，进来。（看了看丁的嘴唇）怎么回事？有没有碰到什么脏东西？我跟校医联系一下。

（生管老师转身给医务室的医生打电话。之后，她转过身来）

生管老师：不要担心，我已经帮你联系了医生。（看了看表）快熄灯了，丙，你赶快去睡觉吧。丁，你现在就去医生值班室，吴医生会接待你。

旁白：丙跟丁告别，丁去了医务室。

（时间：22：30；地点：医生值班室）

丁：报告。

医生：请进。哪儿不舒服？

丁：不知道嘴唇怎么会变成这样。

医生：什么时候开始的？

丁：晚自习时才感觉难受，有肿胀、刺痛的感觉。

医生（仔细看，肯定地）：是病毒性疱疹。嘴角已开始冒小泡了，不要用手挖，先涂点药吧。注意休息，多喝水、吃水果，不要吃油炸食品。

丁：怎么会这样呢？

医生：通常免疫力低下容易感染，平时应该保持适当的运动。不要紧，会好的。

丁：谢谢医生！

医生：好，早点去睡吧。

（时间：22：45；地点：宿舍）

旁白：医生说了“不要紧”，这让丁心里轻松了许多，她高兴地跑回宿舍。

丁（提高声音）：我回来了！

（宿舍里的甲、乙、丙都围过来，七嘴八舌地问开了）

甲：为什么会肿起来呀？

乙：要不要紧呀？

丙（关切地）：医生说了什么呀？

丁：医生说这是病毒引起的疱疹，涂涂这种药膏就可以了。医生还说是缺乏运动、免疫力下降引起的。

甲（眼里闪过一丝惶恐）：那会不会传染啊？

丁（尴尬地）：我想应该不会吧！医生也没说。看来我明天要开始跑步锻炼了。你们要舍命陪君子喽！

丙（高兴地）：好啊！起不来的是小鬼！

（丙、丁和乙哈哈大笑，甲略微迟疑一下，也跟着笑起来了）

（熄灯铃声响起）

第二幕

旁白：这天夜里，4人躺在床上，都还放不下这件事，各自在床上辗转反侧。

【注】以下部分运用的是心理情景剧中的独白技术，独白是指主角直接面对观众说话，表达一些观众不能觉察的感受和思想，凸显主角内心的想法和挣扎。

丁（独白）（躺在床上，灼烧的嘴唇让她无法入睡）：这什么疱疹，难受死了！难看死了！刚才害得我写不了作业，现在又让我睡不着，真烦人！（她轻轻地摸了摸“香肠唇”）这病什么时候才能好啊？唉，医生让我注意休息，多运动以增强抵抗力，赶快睡吧！

丙（独白）（憧憬着明天的到来）：哦，可怜的丁，她的嘴唇一定很痛吧！上帝保佑啊，希望她赶紧好起来。明天我得早点起来，让她先吃一个水果，再和她去跑步打球。睡吧睡吧！

旁白：甲也睡不着，她的脑海里闪过一个个可怕的画面。

甲（独白）：好可怕的“病毒性疱疹”啊！以前我表妹也得过一次，老妈说那病会传染的，而且要难受好多天呢，真可怕！老妈还让我们小孩子离表妹远一点，幸好我听话，不然……可是这次是丁得了这病，一旦我被传染了……（闭起眼睛，不敢再往下想）不行！（突然睁开眼睛，坚定地）我得好好想个对策。从明天开始，我得和丁保持距离，不喝她的水，不吃她的东西，最重要的是，要坚决和她保持1米远的距离。哎呀，怎么这么麻烦啊！（皱了皱眉头，继续思考着对策）

乙（独白）（也睡不着，犹豫着）：病毒性疱疹真的不会传染吗？我好像听人说过这病会通过飞沫传染啊。看来我真的不得不和她保持一点距离，可是这样会不会伤害到她呢？（她叹了口气）算了，就和丁保持一点距离，但也不要做得太明显了。没事的，就是一种病毒性疱疹，希望丁赶快好起来，这样对大家都好。（深吸了几口气，但烦恼似乎仍挥之不去）

旁白：那夜，众人都到很晚才睡。

第三幕

旁白：第二天早上刚起床。

丙（从桌子上拿起苹果）：丁，你赶快把苹果吃了，提高免疫力，才能好得快。

丁：我还要吃早饭呢！吃完苹果还怎么吃早饭啊？

丙：吃完苹果怎么不能吃早饭啊！别废话啦，赶快吃，这对你康复有好处！

丁：啊？！不要啊！（哀号）可是……我发现一个很严重的问题！我的嘴巴张大就会痛，我要怎么啃苹果啊？

乙：用小刀嘛！我那边有小刀，切成一片一片的就可以了。

丁：哦，那我自己拿了哦！

乙：好的。

（丁吃完苹果后，把小刀冲了冲，放到了乙的桌上，与丙一起下楼了）

甲（语气从提醒到责备）：乙，你要小心啊！我昨天说的话你没听到吗？那种病可能会传染的！你不要那么不在意好不好？还那么主动地把小刀借给她，你不怕传染啊？

乙：有那么严重啊！那怎么办？

甲：当然是消毒啰！你先用洗洁精洗3遍，再用开水烫3遍，不过我劝你还是带回家用消毒柜消毒一下，这几天你就不要用了。（拿起乙的小刀不停地洗着）

甲：你下次就要注意了，不要再做这种事了。你不对自己负责，也要为其他人负责啊！你万一被传染了，我们就更危险了！

旁白：甲十分不客气地继续对乙进行思想教育，殊不知这一切都被回来拿钥匙的丁听到了。

（丁拿了钥匙，阴沉着脸走到在楼下等她的丙身边，丙没有注意到她的异常，开心地迎上前，挽着她的胳膊）

丙：走吧！

丁（推开了丙）：你还是不要跟我靠太近，万一被我传染就不好了！（丁径自走了）

丙（疑惑地）：怎么了？

第四幕

旁白：几天下来，丙看到甲对丁疏远以及乙对丁的忽冷忽热，也看到丁为了她们的态度而苦恼，觉得她们太过分了，决定趁着丁独自去医务室拿药时，与她们谈谈。

丙：甲、乙，你们有必要那么紧张吗？你们这样的行为很伤人的，你们知道吗？

乙：我也知道啊！可是，我自己心里也会……

甲：有什么好伤人的呀？我们这叫作自我保护。我没说她自私自利不为我们考虑就已经很对得起她了。得病的人自己一点常识都没有，她难道不知道要注意这些吗？

乙：说实话，我也……

丙：什么叫作你对得起她？你整天神经兮兮的，明明有些是没有必要的，你也要弄得很夸张！你那叫自我保护吗？我看你那叫作受迫害妄想症！

甲：喂，你说话客气一点！你自己不在意自己的安全，你别把我们都扯进去！我们没有要求她回家去养病已经是很体谅她了。

旁白：在宿舍同学的争吵中，早已站在门口的丁迷茫了。她不知道该怎么面对这些曾经要好的朋友，她也不知道自己到底要怎么做才能让自己的病不影响到大家的学习生活和彼此的友情。

第五幕

（班级里，下课铃响）

旁白：班主任张老师上完课后走到丁的身边，关心地了解丁的情况，因为他发现丁整节课都没精打采。

班主任：丁，有什么麻烦吗？看你整节课都没精打采的。

丁（抬头面向老师）：我的嘴唇很难受，更糟的是我不知道这种情况到底会不会传染？怎样才不会影响同学……（正说着，丙走过来）

丙（笑着向老师）：这两天我们宿舍围绕着丁的情况，发生了一些争吵呢……

班主任：哦，去看过医生吗？丙，等一下你再陪丁去看医生，把你们大家担心的情况详细了解一下，记得给我一个反馈。

丙：好的。

第六幕

旁白：丙和丁来到医务室。

（医生正在做记录）

丙：医生您好！我们宿舍的同学对丁这种“病毒性疱疹”不太了解，您可以给我们详细解释一下吗？

医生：可以呀，你们想具体了解什么？

丙：这种病会传染吗？

医生：这种病是由单纯疱疹病毒引起的，在抵抗力、免疫力低下时容易感染。一般不会传染，但是会复发。当然，大家注意卫生习惯，使用自己的清洁用品，不要造成直接接触就可以。

丙：那么，隔离治疗是不是更好些？

医生：那倒不必。实际上，这是一种常发病，并不严重影响学习生活。需要隔离治疗的通常是容易传染的呼吸道传染病，如严重的流行性感冒、流行性腮腺炎、麻疹、风疹等。还有一些急性传染病也要隔离治疗，如急性肝炎、急性出血性结膜炎等。

丙：原来是这样。还有一个问题：这种病要多久能好呢？病程如何？

医生：这个因个人体质不同不能一概而论。通常一至两周就可能干燥结痂愈合，不会留下瘢痕。它的发病过程是这样的：开始表现为局部皮肤发痒、灼热或刺痛；接着出现群集性小水泡，就是好几个小水泡集中在一起，一般为一至两簇，疱壁容易破裂形成浅表溃痛；一至两周结痂愈合。

丁：那么，生活中要注意什么问题呢？

医生：就是那天我对你吩咐的：按时用药，增加运动锻炼，饮食方面注意清淡些，早点睡休息好。

丙、丁：好的，谢谢医生！

旁白：丙、丁直接到办公室将了解到的情况告诉了班主任。

班主任：这样说来是不太要紧啦。任何疾病都会有一个康复过程，要有耐心。但要把应注意的情况跟同学说清楚，让大家不必担心，其实这也是一种生活常识，对不对？

丙、丁（笑了）：知道了。我们去跟宿舍的同学说。（转身欲走）

班主任：你们等一下。你们处理这件事的经验很有价值，我想和你们商量一下，可不可以请你们宿舍几位同学一起主持一次班会，题目就叫：当疾病来临时……

旁白：班主任张老师详细地把自己的想法和两位同学沟通了，并请她们通知宿舍同学一块来主持班会。

第七幕

旁白：班主任张老师特地让学生把教室布置成环形的座谈环境，他先作了开场白。

班主任：我们班有个同学患了病毒性疱疹，这两天她个人很受这不大不小的病症困扰，因为会肿、痛，而且，女生都爱美吗，她还得忍受暂时的难看。她们宿舍几位同学的生活也受了些影响。由于缺乏必要的知识指导，她们对这类疾病的处理办法不太了解，很自然的，会有一些担心。我很高兴地看到，这些担心引发她们许多有价值的思考和探讨，让我们用掌声请出她们给大家来个实话实说好不好？

（班级同学鼓掌，掌声中，丁、丙、甲、乙依次上台就坐）

丁：大家好！咳，我这个样子，很多同学都看到了。我自己首先是觉得难受，其次觉得难看，心里很难受。但一开始，压根儿没想会不会传染这回事，所以对有些同学的回避行为心里还很不舒服，但也只能忍着。

甲：我曾听说这种病毒性疱疹是会传染的，所以心里特别担心，也很希望丁同学在这样的时候，注意个人卫生，主动采取措施，以免传染给其他同学。但她似乎没有这种常识，我看着心里很不爽，只好采取自我保护了。

乙：我不太清楚这是什么病，有何危险，一听说会传染就很紧张，但同学之间又不愿伤和气。我觉得丁病了，蛮难受的，挺可怜，我希望她快些好，所以我会给她力所能及的帮助。

丙：我与丁是好朋友，随便惯了，她说不会传染，我就认为不会传染，看她难受我也难受。我只想她能快点好起来，所以对有些同学的过分担心我还有点不屑，结果既没让丁开心、安心，还导致其他同学不满意。还好，老师发现了我们的不愉快，引导我们去充分了解相关知识，我陪丁到医务室去请教了医生。

丁（高兴地）：丙很有针对性地详细询问，请医生就我们关心的问题做了充分的解释……我忽然觉悟到：不知情导致的猜测、担心的确会让人很难受。甲同学说得对，作为患者，我有责任充分了解这一切并坦诚向舍友、同学说明，而不能以一个病人、弱者的姿态，要求别人怎样怎样照顾自己。（一吐舌头）在家里，我一生病，总是爸爸、妈妈围着我转，无微不至地照顾我，我都习惯了……

甲：可这是学校、宿舍，我们都要学会自我负责……

丙：是啊！在自我负责的同时，也要更多地帮助他人，友善地支持同学渡过难关，每个人都有遇到困难的时候，关键是要做有心人，多学习各种生活知识，才会知道怎样恰当地帮助人。

乙：的确是这样，我很感谢舍友。她们认真对待事情的态度、对同学的友爱和具体问题具体分析的方法，都让我学到了许多。

丁：我也很感谢我的舍友、同学，我给大家的生活造成了麻烦，但丙啊、乙啊还有许多同学还是主动帮我。甲说的话虽然不好听，但实实在在促使我思考了许多问题，让我懂得了自我负责的真正含义。（看着甲）感谢你啊！

班主任：今天的主题班会很生动，也很坦诚，老师都深受感动了。其他同学愿意谈谈自己参加这次班会的感受吗？

同学1：我很喜欢这样的班会，让我学到许多生活知识。

同学2：是的，我们来学校不仅是学习文化课，更要学做人，学习正确地做事。很感谢甲、乙、丙、丁同学，让我们直观地学习了妥善处理一些特殊问题的方法。祝愿丁同学早日康复！

同学3：我也很认同“自我负责与友善助人”的提法，它会让我们的生活更有序、更温暖、更有质量。我自己要朝这个方向努力，也希望我们班经常充满这样的气氛。

班主任：正如同学们所说的，许多事，包括病症并不可怕，可怕的是我们不了解事情的性质和发展规律，就不知道怎样应对它，还容易因为许多片面的或似是而非的想法产生不良情绪，进而影响自己和他人的生活。我很高兴能看到我们的同学都有很强的学习能力，而且愿意自我负责和帮助别人，这些品质都是非常宝贵的，让我们给自己一点鼓励的掌声！

（全体演员向前站成一排向台下观众挥手、鼓掌、集体鞠躬）

（剧终）

（该剧呈现的是心理情景剧在主题班会上的具体运用，分享点已在剧中出现，在此不再赘述）

七、走在阳光下

（一）背景

张强曾经是一个翘课打架的坏孩子，在父母的劝说下他决定改变自己，把握住高中三年的时光。于是张强开始用功读书，成绩也取得了很大进步，成为老师、同学们心中的好学生。可是好景不长，张强以前结交的几个不好的朋友看不惯发愤图强的他，开始找起了他的麻烦。面对这样尴尬的处境，张强该怎么做呢……

主角：张强

辅角：心理委员、男A、男B、混混甲、混混乙、张强1、张强2

（二）故事场景

旁白：我们的主人公张强小时候是个挺乖巧的孩子，可惜初中时，结交了一些不好的朋友，于是翘课、打架，导致中考失利，没能考上重点高中。张强很后悔浪费了这宝贵的三年，想要改变自己。爸爸告诉他："只要努力，在哪里都能闯出一片自己的天地！"最终在父母的鼓励下，他下定决心不辜负他们的期望，好好把握高中三年时光。

第一幕

（张强正在课桌前做题，时而眉头紧锁，时而转着笔，似乎题目很难的样子）

旁白：由于初中基础没打好，面对繁杂的课程，一时间，张强烦恼万分，不知该如何下手。（主人公看向身边的同学，左手边是心理委员，学习很好，右手边是两位男同学，正在高谈阔论）

张强：你们作业都做完了吗？

男A：做什么作业！我们正讲游戏呢。最近新上的那个游戏真是太棒了。

（张强眼睛透露出一丝丝兴奋）

男B：我们打算今天放学就去玩呢，都约好人了，要不算你一份，你也去？

张强：我……（低头略微思考）作业还没做完呢。

男B：还做什么作业啊！明天抄抄不就行了！走吧，走吧。

张强：可……我还是不去了，你们去吧。

（A、B离去，张强重新回到位置上，坐定，拿起笔和本子，认真解题的样子）

心理委员（站起来）：这个题要这样解……

（张强看向心理委员）

心理委员（笑着说）：其他地方我也不太懂，可以一起学习啊。

（两人一起做题的样子）

旁白：一个学期过去了，张强因为成绩进步显著，获得了校学习标兵称号。

第二幕

旁白：张强的优秀，引起了很多同学的关注，同样引起了一些同学的嫉妒。此时，张强正在认真看书，这时候迎面走来两个人，这两位正是初中与他混在一起的同学。

混混甲：张强，很用功嘛！（随手拿起主人公的书把玩，张强拿起其他书和笔，没理他们）

混混乙：你小子，现在要做乖宝宝了，不理人了，是吧？（作势要打人）

（张强郑重地放下书，站起来，面对两位同学。两位同学被他的气势吓倒，不禁肃然起敬的样子，但想想又露出痞样）

张强：我答应过我自己，要改过自新，请你们不要再来骚扰我，我不想再与你们有牵扯了。

（混混乙很生气，作势要上前较量，混混甲阻止了他）

混混甲：想摆脱我们，行啊！但你得答应我们一个条件。（露出阴险的嘴脸）

张强：什么条件？（迟疑了一下）

混混甲：小李那小子我们看着很不顺眼，今天傍晚放学，你跟我们一起去教训他，怎么样？

张强：这……（眉头深锁）

混混乙：这有什么好为难的，你以前不也干过……想当年，你可比我们狠多了，难道现在胆子小起来了，嗯？

混混甲：我们给你时间考虑考虑，（看向混混乙）我们走。

第三幕

旁白：张强不知道该怎么办，左右为难。

【注】以下部分运用的是心理情景剧中的多重替身技术，就是根据心理情景剧所要表现的矛盾冲突安排一个以上的替身，如在主角出现选择性困惑时，可以让主角陷入沉思，背后的两个替身分别代表一个选择，进行争辩或者互相用语言攻击对方的缺点。这种表现形式往往使主角的内心冲突表现得更生动、具体、形象。

张强1：去吧，只要再干一次，或许以后他们就不会再来打扰你了，你就可以专心学习了。（拉起主人公的一只胳膊）

张强2：不要去，这是违纪的行为，干一次，可能就停不下手了。（拉着主人公另一只胳膊不让他走）

张强1：去吧，以前你不也干过，无所谓的。

张强2：不要去，你已经不是以前的你了，不要再次陷进去。

张强1：去吧，没人会知道的。

张强2：不要去，欺负同学是不对的。

张强1：去吧，不去你的世界将不得安宁。

张强2：不要去，一次的糊涂可能成为堕落的开始。

张强1：不要再犹豫了，去吧。

张强2：不要做出让自己后悔的决定，不要去。

（张强甩开二人，痛苦地蹲下，发出悲鸣声）

【注】此处运用的是心理情景剧中的独白技术，独白是指主角直接面对观众说话，表达一些观众不能觉察的感受和思想，凸显主角内心的想法和挣扎。

张强（独白）：我该怎么办？怎么办呢？告诉妈妈？肯定不行，妈妈要担心死的。告诉班主任？班主任虽然对我很关心、很和善，但他毕竟是老师啊，如果知道我以前那些事，肯定不会再喜欢我了……我到底该怎么办呢？！（苦恼得抓头、低头）

（心理委员看到了这一幕，默默地在主人公身边坐下来）

张强（叹气）：唉……

心理委员：张强，你在这做什么呢？（轻快的声音，表示不知情）

张强（抬头）：我……（二人对看）

心理委员：你是不是有什么不开心的事啊，瞧你这一副失魂落魄的样子。（作认真状）

张强：我……

心理委员：有什么事可以跟我说，如果我能帮忙的话。

（张强抬头看向心理委员，欲言又止）

心理委员（拿出一颗糖给张强）：吃吧！老师说，心情不好的时候，补充点糖分，会让心情变得好一点。

（张强接过糖，二人一起撕开糖纸，将糖塞进嘴里）

心理委员：这是我们心理委员培训的时候老师说的，我试过很多次，真的很有效！

（张强看着心理委员，眼神包含着渴望，但欲言又止）

心理委员：好歹我也是个心理委员，有什么话就跟我讲讲嘛！或许讲出来就舒服了。（拍胸脯，表自信）我会为你保守秘密的。

（张强低头，慢慢咀嚼着糖，抬起头来，眼神中透露一股坚定）

张强：事情是这样的……（心理委员作倾听状）

旁白：张强将事情原原本本地告诉了心理委员。

张强：你说，我是去，还是不去呢？（眼神急切，希望对方给出答案）

心理委员（微微一笑）：来，先别急。让我们想想，他们曾经也是你的朋友，对吗？你认为他们为什么要到处惹事呢？真得跟那么多人有仇吗？

张强：那时候我们确实处得挺好的，说实在的，我觉得他们也蛮可怜的，在家父母老是吵架，学习环境不好；在校学习成绩差劲，又被人看不起。唉，我想他们心里应该也不好受吧，有时做一些出格的事，只是不想被忽视吧。

心理委员：哦，你觉得他们也是想要学好的。那么，他们为什么还要叫你去做那件事呢？（作努力思考状）

心理委员：如果你去了的话，他们真的就不会再找你麻烦了吗？如果不去，后果真的就那么严重？

张强：他们应该不会对我怎么样的。我知道，其实他们并不像大家认为的那样一无是处，他们也想学好，也想……只是大家没给他们这样的机会罢了。

心理委员：那我们能帮他们做些什么呢？（停顿）你看，这个学期就要考试了……

张强（抬起头，站起来，激动）：我想我知道该怎么做了。（然后飞快转身离去）

旁白：张强找到混混甲、乙，和他们真诚地进行沟通交流，希望能共同努力，迈向成功。

混混甲：道理我都懂，可是我现在这个样子努力学习什么的已经来不及了吧？

混混乙：就是啊，老师家长早就放弃我们了，还学习做什么？不如好好潇洒来得痛快，我们俩可不像你，没长那么聪明的脑袋。

张强（语重心长地）：只要自己不放弃自己就一定能学好的，学习这种事情什么时候都不晚，只要肯努力一定能成功的！咱们可以一起学习，如果有什么问题我可以帮助你们！

混混甲和乙（对视一眼）：那好吧，就试一试。

（张强和混混甲、乙一起学习的样子）

旁白：最终，经过刻苦的努力，张强和昔日的两个哥们儿都取得了不错的进步，他们的友谊也变得更加牢固。

（张强与混混甲交谈的样子，然后兄弟间握手；张强与混混乙交谈的样子，同样兄弟间握手，拥抱）

（剧终）

分享：

张强：剧中的我原本是一个打架、翘课的坏孩子，学习成绩不好，被老师同学看不起，但是我的父母没有对我彻底失望，他们鼓励我，希望我变好。父母将我们养育成人实在艰辛，我不想让他们失望，于是我开始努力学习，在老师和同学的帮助下取得了进步，成为了一名好学生，终于能在人前抬起头，走在阳光下。但是我原先交的两个朋友看不惯我改邪归正，开始找我的麻烦，还引诱我重新堕落，我不知道该怎么办。好在心理委员帮助我解决了问题。所以，我的体会是，当遇到自己想不明白的问题时，一定要主动向别人求助，听听他们的意见。

观众1：我觉得剧中的两个混混本质也没那么坏，他们只是没找到自己的价值不知道该如何努力而已。在我们周围也有这样的同学，他们做一些不符合常规的事就是为了引起长辈和同龄人的关注，这是很幼稚的，我们应该像剧中的张强那样，尽可能地积极帮助他们，帮助他们找回自信。

老师：问题学生并非无药可救，关键是要找准时机，让他们感知你对他们的关心，并真诚地与他们沟通。同时要去深入了解他们产生某些行为的原因，凡事都有前因后果，只有深入了解他们的成长历程，找对了原因，才能对症下药。

参考文献

1. 陈慧君. 心理剧的实践要素及理论支撑[J]. 学习月刊，2014(6)：23—24.

2. 邓旭阳，桑志芹，费俊峰，石红. 心理剧与情景剧理论与实践[M]. 化学工业出版社，2009.

3. 樊富珉. 团体心理咨询[M]. 高等教育出版社，2005.

4. 耿柳娜，刘金秀. 心理剧在心理健康教育中的应用示例[J]. 中因特殊教育，2007(1)：93—96.

5. 胡珺. 从团体戏剧治疗角度看其观众的特殊性——以心理剧技术为例[J]. 云南艺术学院学报，2013(2)：23—29.

6. 黄辛隐. 校园心理剧研究[M]. 苏州大学出版社，2003.

7. 李鸣. 心理剧的历史和理论[J]. 临床精神医学杂志，1995(6)：353—354.

8. 林翔宇. 演出心灵的呐喊——替身技术在心理剧中的运用[J]. 中小学心理健康教育，2014(10)：32—33.

9. 林赞歌. 校园心理剧：心理健康教育的有效途径[J]. 厦门广播电视大学学报，2008，11(1)：49—51.

10. 柳春妹. 校园心理剧：健康人格教育的新载体[J]. 天津教育，2010(12)：32—33.

11. 秦娟. 校园心理剧在学校心理健康教育中的应用研究[J]. 中学心理健康教育，2008(5)：9—12.

12. 宋金枝. 心理辅导新看点：中学校园心理剧[J]. 思想理论教育，2007(22)：40—42.

13. 苏斌原，林彦乔. 心理情景剧心理健康教育功能的特点、发生机制及实践探索[J]. 江西青年职业学院学报，2014，24(1)：12—15.

14. 孙雪玉. 校园心理剧在心理健康教育实践中的应用研究[J]. 中小学心理健康教育，2009(14)：13—15.

15. 孙红，张辉，任霞. 适宜学校心理健康教育的优良模式——心理剧[J]. 中国健康教育，2006，22(11)：870—871.

16. 田静敏，郭雅静. 如何利用心理剧化解小学生同伴交往时的矛盾冲突[J]. 学周刊C版，2013(9)：94—95.

17. 威尔金斯. 心理剧[M]. 中国轻工业出版社，2009.

18. 吴俣，耿柳娜，田宝忠. 巧用心理剧改善单亲家庭亲子关系[J]. 河北教育：综合版，2007(7)：61—62.

19. 谢勒曼. 心理剧与创伤[M]. 高等教育出版社，2007.

20. 邢利芳. 浅议校园心理剧[J]. 中小学心理健康教育，2006(15)：25—27.

21. 熊莉. 心理剧与戏剧疗法之比较[J]. 黑龙江教育学院学报，2007，26(3)：61—63.

22. 赵丹. 校园心理剧在改善青少年亲子关系中的运用[J]. 教育教学论坛，2013(4)：177—178.

23. 钱筱婷. 校园心理剧在朋辈心理辅导中的实践探究[J]. 中小学心理健康教育，2009(6)：33—34.

24. 项传军. 大学生心理情景剧的实践与探索[J]. 社会工作与管理，2009，9(4)：83—86.

后 记

写完本书，心情并未释然，反有几分不安，总认为还有诸多不足之处，如到底哪些技术适用于心理情景剧，心理治疗技术在心理情景剧中介入的程度多深为宜，心理剧的理论基础是否全部适用于心理情景剧，由非专业学生自编、自导、自演是否真的是一种可行的方式，等等，诸如此类问题在本书中均未进一步阐述或说明。但个人的工作经历使我确信，心理情景剧是进行心理健康普及教育的一个有效手段，其未来的发展值得期待，写本书就是为了分享个人工作经验，希望广大同行能认可并使用心理情景剧。回想写作初衷，心情终于释然，因为我相信，我所担心的问题，会在心理情景剧的后续发展中，由广大同行在实践中给予解答，同样我本人也会在以后的工作实践中继续进行研究、探索。

编写本书的目的是让阅读本书的人能从实操角度快速掌握如何编演心理情景剧，因此本书中精选了数量众多的各地优秀心理情景剧剧本及原创剧本，以供学习和参考。

本书的写作分工如下：第一章至第六章由董成文执笔，第七章至第九章由我校心理辅导团队成员朴丽敏、王卓、许洁、吴芳、冷欣怡、郝珉、吕悦、李颖、李欣桐、孟祥蕊、汤宓辅助完成。

感谢在本书编写过程中给予帮助的同行和同学们，也再次恳请并感谢同行对本书的谬误和不足之处给予指正。

董成文

2016年8月 大连

图书在版编目（CIP）数据

中小学心理情景剧创设技术 / 董成文主编. — 北京：研究出版社，2016.12
ISBN 978-7-5199-0035-9

Ⅰ.①中… Ⅱ.①董… Ⅲ.①心理健康—健康教育—教学设计—中小学 Ⅳ.① G444

中国版本图书馆 CIP 数据核字（2016）第304377号

中小学心理情景剧创设技术

作　　者	董成文　主编
责任编辑	张　璐
装帧设计	张　博
地　　址	北京市东城区沙滩北街2号中研楼
邮政编码	100009
电　　话	010-64257481（总编室）010-64267325（发行部）
网　　址	www.yanjiuchubanshe.com
电子信箱	yjcbsfxb@126.com
印　　刷	大连海大印刷有限公司
开　　本	1/16　787毫米×1092毫米
字　　数	270千字
印　　张	12.5
版　　次	2017年1月第1版　2017年1月第1次印刷
书　　号	ISBN 978-7-5199-0035-9
定　　价	40.00元